IMAGINAÇÃO E CRIAÇÃO NA INFÂNCIA

LEV SEMIONOVITCH VIGOTSKI

IMAGINAÇÃO E CRIAÇÃO NA INFÂNCIA

Ensaio psicológico
Livro para professores

TRADUÇÃO E REVISÃO TÉCNICA
ZOIA PRESTES E ELIZABETH TUNES

1ª edição
EXPRESSÃO POPULAR
São Paulo - 2018

Copyright © 2018 by Editora Expressão Popular

Título original: *Voobrajenie i tvortchestvo v detskom vozraste.*
Publicado no livro *Psirrologuia razvitia rebionka* (p. 235-326),
Moskva: Eksmo, 2004.

Revisão de texto: *Nilton Viana e Lia Urbini*
Projeto gráfico, diagramação e capa: *ZAP Design*
Desenhos da capa: *Anna Cecília Prestes Costa*
Impressão e acabamento: *Paym*

Dados Internacionais de Catalogação-na-Publicação (CIP)

V996i

Vygotskii, L. S. (Lev Semenovich), 1896-1934.
Imaginação e criação na infância: ensaio psicológico
livro para professores. / Lev Semionovitch Vigotski;
tradução e revisão técnica Zoia Prestes e Elizabeth
Tunes.--1.ed.— São Paulo : Expressão Popular, 2018.
128 p. : il.

Título original: Voobrajenie I tvortchestvo v detskom
vozraste.
Indexado em GeoDados-http://www.geodados.uem.br.
ISBN 978-85-7443-384-3

1. Educação – Psicologia da criança. 2. Imaginação
infantil. 3. Criatividade (Educação). 4. Psicologia
educacional. I. Prestes, Zoia, trad. II. Tunes, Elizabeth,
trad. III. Título.

CDU 37.046
159.922.7

Bibliotecária: Eliane M. S. Jovanovich CRB 9/1250

Todos os direitos reservados.
Nenhuma parte desse livro pode ser utilizada
ou reproduzida sem a autorização da editora.

1ª edição: dezembro de 2018
5ª reimpressão: junho de 2023

EDITORA EXPRESSÃO POPULAR
Alameda Nothmann, 806
Sala 06 e 08, térreo, complemento 816
01216-001 – Campos Elíseos – SP
livraria@expressaopopular.com.br
www.expressaopopular.com.br
🔲 ed.expressaopopular
🔲 editoraexpressaopopular

SUMÁRIO

Traduzir Vigotski...7
Zoia Prestes e Elizabeth Tunes

Criação e imaginação..13

Imaginação e realidade 21

O mecanismo da imaginação criativa................................37

A imaginação da criança e do adolescente........................45

"Os suplícios da criação" 55

A criação literária na idade escolar 61

A criação teatral na idade escolar......................................97

O desenhar na infância..105

Anexos 123

TRADUZIR VIGOTSKI[1]

A primeira edição deste livro, *Voobrajenie i tvortchestvo v detskom vozraste* [Imaginação e criação na infância], de Lev Semionovitch Vigotski, traduzida para o português no Brasil, saiu em 2009 pela extinta editora Ática. Não tínhamos a dimensão do seu sucesso de venda. Em cinco anos, foram vendidos mais de 6 mil exemplares e, hoje, é impossível encontrar esse livro até mesmo em sebos. Talvez, em razão desse sucesso, uma editora paulista bastante conhecida decidiu, recentemente, comprar os direitos de publicação do livro *Imaginação e criatividade na infância* de uma editora portuguesa. Já pelo título se vê que são duas obras distintas.

Diante desses fatos, tomamos a decisão de republicar aquela tradução que fizemos. Mas não só isso. Decidimos também doar à Editora Expressão Popular os direitos autorais por ela ter como política a publicação de livros com preços acessíveis ao conjunto dos trabalhadores e trabalhadoras. Isso tem o intuito de possibilitar ao máximo o acesso ao conhecimento acumu-

---

[1] O presente texto tem trechos da *Nota da Tradução* que não foi aceita para publicação, em 2009 e 2010, por decisão da Editora Ática.

lado pela humanidade ao longo da história, para contribuir na construção do ideal socialista de justiça social e solidariedade. Essa é uma decisão que entendemos necessária, nos dias de hoje, em que vivemos ameaças gravíssimas ao Estado democrático de direito, com ataques constantes às conquistas sociais e, inclusive, a prisão injusta do ex-presidente Lula.

Em 2009, ao ser enviado para o prelo, o livro já tinha histórias para contar. Aliás, tratando-se de Vigotski, parece que cada obra sua tem uma trajetória singular e, assim como a sua biografia, é repleta de fatos desconhecidos. Não foi diferente com o livro editado então pela Ática que, além do texto de Vigotski, contém comentários de uma professora, que, curiosamente, aparece, muitas vezes, como autora (e não Vigotski) em buscas na internet. Aliás, à época, expressamos ao editor nossa discordância com a forma da edição proposta, a saber, a inclusão de comentários ao longo do livro.

Traduzir Vigotski não é das tarefas mais fáceis, mas sem dúvida é uma atividade de investigação. Para cada palavra usada por ele, em russo, antes de ser encontrada a correspondente mais próxima no português, nós consultávamos inúmeros dicionários das duas línguas: de sinônimos, de antônimos, analógico, etimológico, entre outros. Quando se encontrava aquela que, com mais precisão, transmitia seu pensamento, a comemoração era digna de festa. Esse é o melhor lado da atividade de tradução, porque tem ares de vitória, ainda que momentânea, sobre aqueles que a veem como tarefa impossível.

O livro *Imaginação e criação na infância* foi publicado pela primeira vez na União Soviética em 1930. Fomina (2015)[2]

---

[2] Fomina, N. N. *Sotrudnitchestvo L. S. Vigotskogo i veduschirh utchinirh 1930-rh godov s tsentralnim domom rhudojestvennogo vospitania detei*. Em: *Prelomlenie idei L. S. Vigotskogo v rhudojestvennom obrazovanii*. Moskvá: Garmonia, 2015, p. 13-24.

encontrou nos arquivos do *Tsentralni Dom Rhudojestvennogo Vospitania Detei* [Casa Central de Educação Artística de Crianças], instituição vinculada ao Comissariado do Povo para a Instrução da Rússia (inaugurada em 1929), um documento com o seguinte registro: "Vigotski, L. S. – professor, consultor para questões relativas ao talento artístico infantil" (p. 13). As buscas de Fomina para tentar descobrir o período em que Vigotski trabalhou na instituição levam à possibilidade de afirmar que as pesquisas, citadas no livro e que fundamentam os estudos do autor, tiveram início bem antes da inauguração da Casa, e a publicação do livro *Imaginação e criação na infância* em 1930 é prova cabal desse fato. Apesar de Vigotski não indicar uma bibliografia em seu livro, é possível perceber que estão presentes na obra trabalhos que sistematizaram experimentos pedagógicos realizados por quem colaborava com a Casa Central de Educação Artística de Crianças no início dos anos 1920, como G. V. Labunskaia, N. P. Sakulina, A. V. Bakuchinski, V. E. Pestel, G. I. Jurina e O. N. Petrova.

A presente tradução de *Imaginação e criação na infância* pode ser considerada inédita no Brasil. Evitamos todo e qualquer "didatismo", no sentido de facilitar o entendimento do conteúdo, tentando melhorar, no português, trechos do texto que, no original, estão mal redigidos. Procuramos deixar Vigotski expressar-se a seu modo. Quem pesquisa e estuda esse autor sabe o quão árdua é a tarefa de elucidar os pontos que parecem, por vezes, obscuros em suas obras. Isso requer mergulhar na vida do autor e no contexto histórico-cultural de sua época, de seu país. Sabedoras de nossa responsabilidade como tradutoras, tivemos a cautela, inclusive, de respeitar opções do autor, entre elas, a que revelava a sua rebeldia contra certas normas técnicas de redação de textos científicos. Por que fizemos isso? Por entender que, como tradutoras, devemos propiciar as condições para deixar o leitor usufruir o mais autenticamente possível do diálogo com o autor e da intimidade de seu pensamento.

As obras de Vigotski sofreram e ainda sofrem violentas adulterações e mutilações mundo afora, inclusive na Rússia. O livro *Imaginação e criação na infância* já foi traduzido para o espanhol, o italiano e o inglês.

O trabalho de cotejar uma tradução com versões em outros idiomas é uma prática muito comum na atividade tradutória. As versões em outras línguas podem ajudar, mas, muitas vezes, podem complicar mais ainda a tarefa do tradutor. Por exemplo, na versão espanhola, o equívoco aparece já no título (a palavra criação, em russo, foi traduzida como arte!). O mesmo ocorre nas versões em inglês, em italiano e, agora, em português de Portugal, que empregaram a palavra *criatividade*, em vez de *criação*. Não foram essas boas opções, pois, em russo, a palavra *tvortchestvo* significa criação. Além disso, pela leitura da obra como um todo, vê-se que Vigotski está referindo-se a um processo (criação) e não a um construto reificado que habita uma obra ou uma pessoa (criatividade).

Não sabemos se, felizmente ou infelizmente, toda editora tem normas técnicas de redação a seguir. À época de preparação da edição pela Ática, por mais que tentássemos argumentar que Vigotski descumpria, conscientemente, certas normas, tinha mesmo uma verdadeira aversão a elas e isso fazia parte do seu estilo, não tivemos sucesso. As normas falaram mais alto. Então, vai aqui um alerta aos que compraram a edição da Ática: as normas não são de Vigotski, mas da editora.

Na presente edição, decidimos respeitar o estilo do autor. Assim, mantivemos o modo reiterativo e repetitivo do autor, ainda que não ficasse um texto belo, em português. Seguimos, exatamente, o modo de paragrafação do original russo. Desse modo, o leitor terá a oportunidade de ler o livro de acordo com essas decisões que tomamos.

Outra informação importante e que merece ser destacada é sobre os nomes citados por Vigotski. Muitas vezes, ele indica apenas o sobrenome de autores, deixando de apresentar dados bibliográficos completos. Diante disso, é comum os tradutores e estudiosos de sua obra colaborarem uns com os outros, divulgando o que puderam desvendar. Para manter essa rede colaborativa viva, procuramos indicar o nome completo e a data de nascimento e morte dos autores citados no texto. Porém, mesmo consultando pesquisadores e especialistas russos, apenas parcialmente obtivemos sucesso. Em muitos casos, por serem autores pouco conhecidos, há quase nenhuma informação sobre eles. Por isso, assim como nas edições em inglês e em espanhol, não há informações sobre todos os citados, mas apenas sobre os que conseguimos.

Por fim, esta edição está corrigindo mais uma injustiça: na edição da Ática o nome da professora Elizabeth Tunes sequer aparece, mas ela, além de assinar essa nota, também exerceu a função de tradutora e, com seus valiosos conhecimentos, guiou as escolhas de melhores opções para traduzir os conceitos de Vigotski. Discutimos em permanente diálogo cada dúvida e cada certeza. Esta é uma tradução nossa.

Zoia Prestes e Elizabeth Tunes
Rio de Janeiro, 31 de agosto de 2018.

CRIAÇÃO E IMAGINAÇÃO[1]

Chamamos atividade criadora do homem àquela em que se cria algo novo. Pouco importa se o que se cria seja algum objeto do mundo externo ou uma construção da mente ou do sentimento, conhecida apenas pela pessoa em que essa construção habita e se manifesta. Se olharmos para o comportamento humano, para a sua atividade, de um modo geral, é fácil verificar a possibilidade de diferenciar dois tipos principais. Um tipo de atividade pode-se denominar de reconstituidor ou reprodutivo. Está intimamente ligado à memória; sua essência consiste em reproduzir ou repetir meios de conduta anteriormente criados e elaborados ou ressuscitar marcas de impressões precedentes. Quando me lembro da casa onde passei a minha infância ou de países distantes que visitei, reproduzo as marcas daquelas impressões que tive na primeira infância[2] ou à época das viagens.

---

[1] Em algumas traduções (espanhol, inglês e, até mesmo, em português), a palavra *tvortchestvo* foi traduzida como criatividade. No entanto, *tvortchestvo* significa criação, uma atividade ou um processo. (N. da T.)

[2] Em seus trabalhos, Vigotski refere-se a diversas idades: primeira infância, que seria a criança até 3 anos, e a idade pré-escolar, que seria a criança acima de 3 e até 6 ou 7 anos. (N. da T.)

Da mesma forma, quando faço desenhos de observação, quando escrevo ou faço algo seguindo determinado modelo, reproduzo somente o que existe diante de mim ou o que assimilei e elaborei anteriormente. O comum em todos esses casos é que a minha atividade nada cria de novo e a sua base é a repetição mais ou menos precisa daquilo que existiu.

É fácil compreender o enorme significado da conservação da experiência anterior para a vida do homem, o quanto ela facilita sua adaptação ao mundo que o cerca, ao criar e elaborar hábitos permanentes que se repetem em condições iguais.

A base orgânica dessa atividade reprodutiva ou da memória é a plasticidade da nossa substância nervosa. Chama-se plasticidade à propriedade de uma substância que permite alterá-la e conservar as marcas dessa alteração. Assim, nesse sentido, a cera tem mais plasticidade, por exemplo, do que a água ou o ferro, pois admite modificação mais facilmente do que o ferro e conserva a marca desta melhor que a água. Somente se tomadas juntas, essas duas propriedades formam a plasticidade da nossa substância nervosa. Nosso cérebro e nossos nervos, que possuem uma enorme plasticidade, modificam com facilidade sua estrutura mais tênue sob diferentes influências e, se os estímulos são suficientemente fortes ou repetidos com bastante frequência, conservam a marca dessas modificações. No cérebro, ocorre algo semelhante ao que acontece a uma folha de papel quando a dobramos ao meio. No local da dobra, fica a marca resultante da modificação feita, bem como a predisposição para repetir essa modificação no futuro. Basta, agora, soprar essa folha de papel para que dobre no mesmo local em que ficou a marca.

O mesmo ocorre com a marca deixada pela roda na terra fofa: forma-se uma trilha que fixa as modificações produzidas pela roda, facilitando o seu deslocamento no futuro. De modo semelhante, em nosso cérebro, estímulos fortes ou que se repetem com frequência abrem novas trilhas.

Dessa forma, nosso cérebro mostra-se um órgão que conserva nossa experiência anterior e facilita a sua reprodução. Entretanto, caso a atividade do cérebro fosse limitada somente à conservação da experiência anterior, o homem seria capaz de se adaptar, predominantemente, às condições habituais e estáveis do meio que o cerca. Todas as modificações novas e inesperadas no meio, ainda não vivenciadas por ele na sua experiência anterior, não poderiam, nesse caso, provocar uma reação necessária de adaptação. Junto à conservação da experiência anterior, o cérebro possui ainda uma outra função não menos importante.

Além da atividade reprodutiva, é fácil notar no comportamento humano outro gênero de atividade, mais precisamente, a combinatória ou criadora. Quando, na imaginação, esboço para mim mesmo um quadro do futuro, digamos, a vida do homem no regime socialista, ou o quadro de um passado longínquo de vida e luta do homem pré-histórico, em ambos, não reproduzo as impressões que tive a oportunidade de sentir alguma vez. Não estou simplesmente restaurando a marca de excitações anteriores que chegaram ao meu cérebro, pois nunca vi, realmente, nem esse passado, nem esse futuro. Apesar disso, posso ter a minha ideia, a minha imagem, o meu quadro.

Toda atividade do homem que tem como resultado a criação de novas imagens ou ações, e não a reprodução de impressões ou ações anteriores da sua experiência, pertence a esse segundo gênero de comportamento criador ou combinatório. O cérebro não é apenas o órgão que conserva e reproduz nossa experiência anterior, mas também o que combina e reelabora, de forma criadora, elementos da experiência anterior, erigindo novas situações e novo comportamento. Se a atividade do homem se restringisse à mera reprodução do velho, ele seria um ser voltado somente para o passado, adaptando-se ao futuro apenas na medida em que este reproduzisse aquele. É exatamente a atividade criadora que faz do homem um ser que se volta para o futuro, erigindo-o e modificando o seu presente.

A psicologia denomina imaginação ou fantasia a essa atividade criadora baseada na capacidade de combinação do nosso cérebro. Comumente, entende-se por imaginação ou fantasia algo diferente do que a ciência pressupõe com essas palavras. No cotidiano, designa-se como imaginação ou fantasia tudo o que não é real, que não corresponde à realidade e, portanto, não pode ter qualquer significado prático sério. Na verdade, a imaginação, base de toda atividade criadora, manifesta-se, sem dúvida, em todos os campos da vida cultural, tornando igualmente possível a criação artística, a científica e a técnica. Nesse sentido, necessariamente, tudo o que nos cerca e foi feito pelas mãos do homem, todo o mundo da cultura, diferentemente do mundo da natureza, tudo isso é produto da imaginação e da criação humana que nela se baseia.

> Qualquer invenção, grandiosa ou pequena [diz Ribot[3]], antes de firmar-se, de realizar-se de fato, manteve-se íntegra como uma construção erigida na mente, por meio de novas combinações ou correlações, apenas pela imaginação.
>
> [...] A grande maioria das invenções foi feita sabe-se lá por quem. Conservaram-se apenas poucos nomes dos grandes inventores. Aliás, a imaginação sempre permanece por si só, mesmo que não se manifeste numa pessoa ou coletivamente. Quem sabe quantas imaginações foram necessárias para que o arado, anteriormente um simples pedaço de pau com as pontas calcinadas a fogo, se transformasse de instrumento manual singelo no que é hoje, após uma série de modificações descritas em textos especializados? Do mesmo modo, a chama tênue do graveto da árvore

---

[3] Theodule-Armand Ribot (1839-1916) – psicólogo francês. (N. da T.)

resinosa, a grosseira tocha primitiva, leva-nos por uma longa série de invenções até a iluminação a gás e a elétrica. Podemos dizer que todos os objetos da vida cotidiana, sem excluir os mais simples e comuns, são *imaginação cristalizada*.

Daí é fácil perceber que a nossa ideia cotidiana de criação não corresponde plenamente à compreensão científica dessa palavra. No entendimento comum, criação é o destino de alguns eleitos, gênios, talentos que criaram grandes obras artísticas, fizeram notáveis descobertas científicas ou inventaram alguns aperfeiçoamentos na área técnica. Reconhecemos de bom grado e prontamente a criação na atividade de Tolstoi,[4] Edson e Darwin, porém é corriqueiro pensarmos que na vida de uma pessoa comum não haja criação.

No entanto, como já foi dito, esse ponto de vista é incorreto. Segundo uma analogia feita por um cientista russo, a eletricidade age e manifesta-se não só onde há uma grandiosa tempestade e relâmpagos ofuscantes, mas também na lâmpada de uma lanterna de bolso. Da mesma forma, a criação, na verdade, não existe apenas quando se criam grandes obras históricas, mas por toda parte em que o homem imagina, combina, modifica e cria algo novo, mesmo que esse novo se pareça a um gráozinho, se comparado às criações dos gênios. Se levarmos em conta a presença da imaginação coletiva, que une todos esses gráozinhos não raro insignificantes da criação individual, veremos que grande parte de tudo o que foi criado pela humanidade pertence exatamente ao trabalho criador anônimo e coletivo de inventores desconhecidos.

A grande maioria das invenções foi feita sabe-se lá por quem, como diz corretamente Ribot. O entendimento científico dessa questão obriga-nos, dessa forma, a olhar para a criação mais

---

[4] Lev Nikolaievitch Tolstoi (1828-1910) – um dos mais conhecidos e destacados escritores russos. (N. da T.)

como regra do que exceção. É claro que expressões superiores de criação foram até hoje acessíveis apenas a alguns gênios eleitos da humanidade, mas, na vida cotidiana que nos cerca, a criação é condição necessária da existência e tudo que ultrapassa os limites da rotina, mesmo que contenha um iota do novo, deve sua origem ao processo de criação do homem.

Se for esse o nosso entendimento, então, notaremos facilmente que os processos de criação manifestam-se com toda a sua força já na mais tenra infância. Uma das questões mais importantes da psicologia e da pedagogia infantil é a da criação na infância, do desenvolvimento e do significado do trabalho de criação para o desenvolvimento geral e o amadurecimento da criança. Já na primeira infância, identificamos nas crianças processos de criação que se expressam melhor em suas brincadeiras. A criança que monta um cabo de vassoura e imagina-se cavalgando um cavalo; a menina que brinca de boneca e imagina-se a mãe; a criança que, na brincadeira, transforma-se num bandido, num soldado do exército vermelho, num marinheiro, todas essas crianças brincantes representam exemplos da mais autêntica e mais verdadeira criação. É claro que, em suas brincadeiras, elas reproduzem muito do que viram. Todos conhecem o enorme papel da imitação nas brincadeiras das crianças. As brincadeiras infantis, frequentemente, são apenas um eco do que a criança viu e ouviu dos adultos. No entanto, esses elementos da experiência anterior nunca se reproduzem, na brincadeira, exatamente como ocorreram na realidade. A brincadeira da criança não é uma simples recordação do que vivenciou, mas uma reelaboração criativa de impressões vivenciadas. É uma combinação dessas impressões e, baseada nelas, a construção de uma realidade nova que responde às aspirações e aos anseios da criança. Assim como na brincadeira, o ímpeto da criança para criar é a imaginação em atividade.

O menino de três anos e meio [conta Ribot] ao ver um homem manco, andando pela estrada, gritou:

– Mãe, veja a perna desse pobre homem!

Depois, ele começou a contar uma história: ele estava sentado num cavalo alto, ele caiu por cima de uma pedra grande, ele machucou a perna; é preciso encontrar algum pozinho para curá-lo.

Nesse caso, a atividade combinatória da imaginação é extremamente clara. Diante de nós, há uma situação criada pela criança. Todos os elementos dessa situação, é claro, são conhecidos por ela de sua experiência anterior, pois, do contrário, nem poderia criá-la. No entanto, a combinação desses elementos já representa algo novo, criado, próprio daquela criança e não simplesmente alguma coisa que reproduz o que ela teve a oportunidade de observar ou ver. É essa capacidade de fazer uma construção de elementos, de combinar o velho de novas maneiras, que constitui a base da criação.

Justificadamente, muitos autores indicam que as raízes dessa combinação criativa podem ser identificadas ainda nas brincadeiras dos animais. A brincadeira animal, frequentemente, também é um produto da imaginação motriz. No entanto, esses rudimentos da imaginação criativa nos animais, dadas as condições em que vivem, não podem se desenvolver de modo firme e estável. Somente o homem desenvolveu à verdadeira altura essa forma de atividade.

IMAGINAÇÃO E REALIDADE

Todavia, surge uma questão: como ocorre a atividade criadora de combinação? De onde surge, a que está condicionada e, em seu curso, a que leis se subordina? A análise psicológica dessa atividade indica a sua enorme complexidade. Ela não irrompe de uma vez, mas lenta e gradativamente, desenvolvendo-se de formas mais elementares e simples para outras mais complexas. Em cada estágio etário, ela tem uma expressão singular; cada período da infância possui sua forma característica de criação. Além disso, não existe de modo isolado no comportamento humano, mas depende diretamente de outras formas de atividade, em particular, do acúmulo de experiência.

Para compreender o mecanismo psicológico da imaginação e da atividade de criação a ela ligada, é melhor iniciar pelo esclarecimento da relação entre fantasia e realidade no comportamento humano. Já dissemos que é incorreta a visão comum que separa fantasia e realidade com uma linha intransponível. Tentaremos, agora, demonstrar as quatro formas principais de relação entre a atividade de imaginação e a realidade. Esse esclarecimento ajudará a compreender que a imaginação não é um divertimento ocioso da mente, uma atividade suspensa no ar, mas uma função vital necessária.

A primeira forma de relação entre imaginação e realidade consiste em que toda obra da imaginação constrói-se sempre de elementos tomados da realidade e presentes na experiência anterior da pessoa. Seria um milagre se a imaginação inventasse do nada ou tivesse outras fontes para suas criações que não a experiência anterior. Somente as representações religiosas e místicas sobre a natureza humana atribuem a origem das obras da fantasia a uma força estranha, sobrenatural, e não à nossa experiência.

De acordo com essa visão, são os deuses ou os espíritos que inculcam os sonhos às pessoas, a inspiração aos poetas e os dez mandamentos aos legisladores. A análise científica das construções mais fantasiosas e distantes da realidade, por exemplo, dos contos, mitos, lendas, sonhos etc., convence-nos de que as criações mais fantásticas são nada mais do que uma nova combinação de elementos que, em última instância, foram hauridos da realidade e submetidos à modificação ou reelaboração da nossa imaginação.

É claro que a *izbuchka*[1] sobre patas de galinhas existe somente no conto fantástico, mas os elementos que embasam essa representação fantasiosa foram tomados da experiência humana real. É somente a sua combinação que possui traços do fantástico, isto é, não corresponde à realidade. Tomemos como exemplo a imagem de um mundo fantástico retratado por Puchkin.[2]

---

[1] Diminutivo de *izba* (em português, isbá), que é o nome dado à casa camponesa de madeira. (N. da T.)

[2] Aleksandr Aleksandrovitch Puchkin (1799-1837) – um dos mais destacados e famosos poetas russos. (N. da T.)

Na enseada, há um carvalho verdejante
Nesse carvalho, há uma corrente de ouro,
E um gato sábio, de dia e de noite,
Anda em círculos pela corrente.
Ao ir à direita, canta uma canção;
Vai à esquerda, conta um conto.
Lá há magias e silvanos,
E uma sereia nos galhos;
Lá nas trilhas misteriosas,
Há pegadas de animais nunca vistos;
A isbá lá tem patas de galinhas,
Não tem janelas, nem portas.

Pode-se seguir esse trecho inteiro, palavra por palavra, e demonstrar que, nesse conto, apenas a combinação de elementos é fantástica, ao passo que os elementos em si foram hauridos da realidade. O carvalho, a corrente de ouro, o gato, as canções existem na realidade; apenas a imagem do gato sábio que anda em círculos pela corrente, contando contos, apenas a combinação desses elementos é que é fantástica. Quanto às imagens de cunho puramente fantástico que figuram em seguida, como os silvanos, a sereia, a *izbuchka* sobre patas de galinha, todas são tão somente uma combinação complexa de alguns elementos sugeridos pela realidade. Na imagem da sereia, por exemplo, encontram-se a representação da mulher e a de pássaro no galho; na *izbuchka* encantada, a representação das patas de galinha e a de isbá e assim por diante.

Dessa forma, a imaginação sempre constrói com materiais hauridos da realidade. É verdade que, como vimos pelo trecho transcrito, a imaginação pode criar, cada vez mais, novos níveis de composições, combinando, de início, os elementos primários da realidade (gato, corrente, carvalho) e, posteriormente, as imagens de cunho fantástico (sereia, silvano) etc. Porém, os

IMAGINAÇÃO E CRIAÇÃO NA INFÂNCIA

elementos primários dos quais se cria uma representação fantástica distante da realidade serão sempre impressões da realidade. Deparamo-nos, então, com a primeira e a mais importante lei a que se subordina a atividade da imaginação. Essa lei pode ser formulada assim: a atividade criadora da imaginação depende diretamente da riqueza e da diversidade da experiência anterior da pessoa porque essa experiência constitui o material com que se criam as construções da fantasia. Quanto mais rica a experiência da pessoa, mais material está disponível para a sua imaginação. Eis porque a imaginação da criança é mais pobre que a do adulto, o que se explica pela maior pobreza de sua experiência.

Quando acompanhamos a história das grandes invenções, das grandes descobertas, quase sempre é possível notar que elas surgiram como resultado de uma imensa experiência anterior acumulada. A imaginação origina-se exatamente desse acúmulo de experiência. Sendo as demais circunstâncias as mesmas, quanto mais rica é a experiência, mais rica deve ser também a imaginação.

Após o momento de acúmulo de experiência, diz Ribot

> começa o período de amadurecimento ou de choco (incubação). Ele durou dezessete anos para Newton que, quando, finalmente, confirmou sua descoberta em cálculos, foi tomado por um sentimento tão forte que precisou confiar a outra pessoa a tarefa de concluí-los. O matemático Hamilton diz que o seu método quaternário, de repente, apareceu-lhe completamente pronto, quando estava sobre a ponte de Dublin: 'Naquele momento eu obtive o resultado de quinze anos de trabalho'. Darwin coletou material durante suas viagens, observou plantas e animais por um longo período e somente após a leitura do livro de Malthus, que caiu em suas mãos por acaso e o impressionou, é que definiu a forma final de seu estudo. Exemplos semelhantes são encontrados em um grande número de obras literárias e artísticas.

A conclusão pedagógica a que se pode chegar com base nisso consiste na afirmação da necessidade de ampliar a experiência da criança, caso queira-se criar bases suficientemente sólidas para a sua atividade de criação. Quanto mais a criança viu, ouviu e vivenciou, mais ela sabe e assimilou; maior é a quantidade de elementos da realidade de que ela dispõe em sua experiência; sendo as demais circunstâncias as mesmas, mais significativa e produtiva será a atividade de sua imaginação.

Por essa primeira forma de relação entre fantasia e realidade já é fácil perceber o quanto é equivocado contrapô-las. A atividade combinatória do nosso cérebro não é algo completamente novo em relação à atividade de conservação, porém torna-a mais complexa. A fantasia não se opõe à memória, mas apoia-se nela e dispõe de seus dados em combinações cada vez mais novas. A atividade combinatória do cérebro baseia-se, em última instância, no mesmo processo pelo qual os traços de excitações anteriores são nele conservados. A novidade dessa função encontra-se no fato de que, dispondo dos traços das excitações anteriores, o cérebro combina-os de um modo não encontrado na experiência real.

A segunda forma de relação entre fantasia e realidade é diferente, mais complexa e não diz respeito à articulação entre os elementos da construção fantástica e a realidade, mas entre o produto final da fantasia e um fenômeno complexo da realidade. Quando, baseando-me em estudos e relatos de historiadores ou aventureiros, componho para mim mesmo um quadro da grande Revolução Francesa ou do deserto africano, em ambos, o quadro resulta da atividade de criação da imaginação. Ela não reproduz o que foi percebido por mim numa experiência anterior, mas cria novas combinações dessa experiência.

Nesse sentido, ela subordina-se integralmente à primeira lei descrita anteriormente. Esses produtos da imaginação consistem de elementos da realidade modificados e reelaborados. É preciso uma grande reserva de experiência anterior para que desses elementos seja possível construir imagens. Se eu não tiver alguma ideia de aridez, de areal, de enormes espaços e de animais que habitam o deserto, não posso, é claro, criar a minha imagem daquele deserto. Da mesma forma, se eu não tiver inúmeras representações históricas, também não posso criar na imaginação um quadro da Revolução Francesa. Percebe-se, aqui, com uma clareza ímpar, a dependência que a imaginação tem da experiência anterior. Mas ao mesmo tempo, nessas construções da fantasia, há também algo novo que as diferencia essencialmente do excerto da obra de Puchkin que analisamos. Tanto o quadro da enseada com o gato sábio quanto o do deserto africano que nunca vi são, na verdade, as mesmas construções da imaginação, criadas pela fantasia combinatória de elementos da realidade. Mas o produto da imaginação, a própria combinação desses elementos, num caso, é irreal (um conto) e, no outro, a relação entre os elementos, o produto da fantasia, e não os elementos em si, corresponde a algum fenômeno da realidade. Essa relação do produto final da imaginação com algum fenômeno real é a forma segunda, ou superior, de relação entre fantasia e realidade.

Essa forma de relação torna-se possível somente graças à experiência alheia ou experiência social. Se ninguém nunca tivesse visto e descrito o deserto africano e a Revolução Francesa, então, uma representação correta desses fenômenos seria completamente impossível para nós. É devido ao fato de que a minha imaginação, nesses casos, não funciona livremente, mas orienta-se pela experiência de outrem, atua como se fosse por ele guiada, que se alcança tal resultado, isto é, o produto da imaginação coincide com a realidade.

Nesse sentido, a imaginação adquire uma função muito importante no comportamento e desenvolvimento humano.

Ela transforma-se em meio de ampliação da experiência de uma pessoa porque, tendo por base a narração ou a descrição de outrem, ela pode imaginar o que não viu, o que não vivenciou diretamente em sua própria experiência. A pessoa não se restringe ao círculo e a limites estreitos de sua experiência, mas pode aventurar-se para além deles, assimilando a experiência histórica ou social alheias com a ajuda da imaginação. Assim configurada, a imaginação é uma condição totalmente necessária para quase toda atividade mental humana. Quando lemos o jornal e nos informamos sobre milhares de acontecimentos que não testemunhamos diretamente, quando uma criança estuda geografia ou história, quando, por meio de uma carta, tomamos conhecimento do que está acontecendo a outra pessoa, em todos esses casos, a nossa imaginação serve à nossa experiência.

Assim, há uma dependência dupla, mútua entre imaginação e experiência. Se no primeiro caso a imaginação apoia-se na experiência, no segundo, é a própria experiência que se apoia na imaginação.

A terceira forma de relação entre a atividade de imaginação e a realidade é de caráter emocional. Ela manifesta-se de dois modos. Por um lado, qualquer sentimento, qualquer emoção tende a se encarnar em imagens conhecidas correspondentes a esse sentimento. Assim, a emoção parece possuir a capacidade de selecionar impressões, ideias e imagens consonantes com o ânimo que nos domina num determinado instante. Qualquer um sabe que na desgraça e na alegria vemos tudo com outros olhos. Há muito os psicólogos notaram o fato de que qualquer sentimento não tem apenas uma expressão externa, corporal, mas também uma interna que se reflete na seleção de ideias, imagens, impressões. Esse fenômeno foi denominado por eles de lei da expressão dupla dos sentimentos. O medo, por exemplo, expressa-se não somente pela palidez, tremor, secura da garganta, alteração da respiração e dos batimentos cardíacos, como também mostra-se no fato de que todas as impressões recebidas e as ideias que vêm à cabeça de uma pessoa, naquele momento, estão comumente cercadas pelo sentimento que a domina. Quando o ditado diz que gralha assustada tem medo de arbusto, pressupõe-se exatamente essa influência do sentimento que colore a percepção dos objetos externos. Do mesmo modo que, há muito tempo, as pessoas aprenderam a expressar externamente seus estados internos, as imagens da fantasia servem de expressão interna dos nossos sentimentos. A desgraça e o luto de uma pessoa são marcados com a cor preta; a alegria, com a cor branca; a tranquilidade com o azul; a rebelião com o vermelho. As imagens e as fantasias propiciam uma língua interna para o nosso sentimento. O sentimento seleciona elementos isolados da realidade, combinando-os numa relação que se determina internamente pelo nosso ânimo, e não externamente, conforme a lógica das imagens.

Os psicólogos denominam essa influência do fator emocional sobre a fantasia combinatória de lei do signo emocional comum. A essência dessa lei consiste em que as impressões ou as imagens que possuem um signo emocional comum, ou seja, que exercem em nós uma influência emocional semelhante, tendem a se unir, apesar de não haver qualquer relação de semelhança ou contiguidade explícita entre elas. Daí resulta uma obra combinada da imaginação em cuja base está o sentimento ou o signo emocional comum que une os elementos diversos que entraram em relação.

Diz Ribot:

> As impressões que são acompanhadas pelo mesmo estado afetivo da reação, posteriormente, associam-se entre si; a semelhança afetiva une e entrelaça impressões diferentes. Isso difere da associação por contiguidade, que representa a repetição da experiên-

cia, e da associação por semelhança, no sentido intelectual. Essas imagens combinam-se não porque, anteriormente, ocorreram juntas ou porque percebemos as relações de semelhança entre elas, mas sim porque têm um tom afetivo comum. A alegria, a tristeza, o amor, o ódio, o espanto, o tédio, o orgulho, o cansaço etc. podem se transformar em centros de gravidade que agrupam impressões ou acontecimentos que não possuem relações racionais entre si, mas que foram marcados com o mesmo signo ou traço emocional, por exemplo, alegres, tristes, eróticos etc. Com bastante frequência, essa forma de associação apresenta-se em sonhos ou devaneios, isto é, em um estado de ânimo tal que a imaginação tem total liberdade e funciona ao acaso, de qualquer jeito. É fácil entender que essa influência explícita ou implícita do fator emocional pode favorecer o surgimento de agrupamentos totalmente inesperados, representando um campo quase ilimitado para novas combinações, já que o número de imagens que têm o mesmo traço afetivo é extremamente grande.

Como um simples exemplo desse tipo de combinação de imagens que têm um signo emocional comum, pode-se apontar casos cotidianos de associação de duas impressões diversas que, sem dúvida, nada têm em comum além do fato de nos provocarem estados de ânimo semelhantes. Quando dizemos que o tom azul claro é frio e o vermelho é quente, aproximamos a impressão azul e a impressão frio apenas com base nos estados de ânimo que ambos induzem em nós. É fácil entender que a fantasia guiada pelo fator emocional – pela lógica interna do sentimento – constituirá o tipo de imaginação mais subjetivo, mais interno.

Entretanto, existe ainda uma relação inversa entre imaginação e emoção. Enquanto, no primeiro caso que descrevemos, os sentimentos influem na imaginação, nesse outro, inverso, a imaginação influi no sentimento. Esse fenômeno poderia ser chamado de lei da realidade emocional da imaginação. A essência dessa lei é formulada por Ribot do seguinte modo:

"Todas as formas de imaginação criativa contêm em si elementos afetivos." Isso significa que qualquer construção da fantasia influi, inversamente, em nossos sentimentos e a despeito de essa construção por si só não corresponder à realidade, todo sentimento que provoca é verdadeiro, realmente vivenciado pela pessoa e dela se apossa. Vamos imaginar um simples caso de ilusão. Entrando no quarto, ao entardecer, uma criança, ilusoriamente, percebe um vestido como se fosse alguém estranho ou um bandido que entrou na casa. A imagem do bandido, criada pela fantasia da criança, é irreal, porém o medo e o susto que vivencia são completamente verdadeiros, são vivências reais para ela. Algo semelhante ocorre com qualquer construção fantasiosa. É precisamente essa lei psicológica que pode nos explicar porque as obras de arte, criadas pela fantasia de seus autores, exercem uma ação bastante forte em nós.

As paixões e os destinos dos heróis inventados, sua alegria e desgraça, perturbam-nos, inquietam-nos e contagiam-nos, apesar de estarmos diante de acontecimentos inverídicos, de invenções da fantasia. Isso ocorre porque as emoções provocadas pelas imagens artísticas fantásticas das páginas de um livro ou do palco de teatro são completamente reais e vivenciadas por nós de verdade, franca e profundamente. Muitas vezes, uma simples combinação de impressões externas, por exemplo, uma obra musical, provoca na pessoa que a ouve um mundo inteiro e complexo de vivências e sentimentos. Essa ampliação e aprofundamento do sentimento, sua reconstrução criativa, formam a base psicológica da arte da música.

Resta ainda mencionar a quarta e última forma de relação entre fantasia e realidade. Por um lado, ela liga-se intimamente com a que acabamos de descrever, por outro, diferencia-se dela substancialmente. A sua essência consiste em que a construção da fantasia pode ser algo completamente novo, que nunca aconteceu na experiência de uma pessoa e sem qualquer correspondência com algum objeto realmente existente; no entanto, ao ser externamente encarnada, ao adquirir uma concretude material, essa imaginação "cristalizada", que se fez objeto, começa a existir realmente no mundo e a influir sobre outras coisas. Essa imaginação torna-se realidade. Qualquer dispositivo técnico – uma máquina ou um instrumento – pode servir como exemplo de imaginação cristalizada ou encarnada. Esses dispositivos técnicos são criados pela imaginação combinatória do homem e não correspondem a qualquer modelo existente na natureza. Entretanto, mantêm uma relação persuasiva, ágil e prática com a realidade porque, ao se encarnarem, tornam-se tão reais quanto as demais coisas e passam a influir no mundo real que os cerca.

Esses produtos da imaginação passaram por uma longa história que, talvez, deva ser breve e esquematicamente delineada. Pode-se dizer que, em seu desenvolvimento, descreveram um círculo. Os elementos de que são construídos foram hauridos da realidade pela pessoa, internamente, em seu pensamento foram submetidos a uma complexa reelaboração, transformando-se em produtos da imaginação.

Finalmente, ao se encarnarem, retornam à realidade como uma nova força ativa que a modifica. Assim é o círculo completo da atividade criativa da imaginação.

Entretanto, é incorreto supor que apenas na área técnica, no campo da ação prática sobre a natureza, a imaginação seja capaz de descrever esse círculo completo. Também na esfera da imaginação emocional, isto é, da imaginação subjetiva, é possível e fácil constatar esse círculo completo.

É quando temos diante de nós o círculo completo descrito pela imaginação que os dois fatores – intelectual e emocional – revelam-se igualmente necessários para o ato de criação. Tanto o sentimento quanto o pensamento movem a criação humana. Diz Ribot:

Qualquer pensamento preponderante é sustentado por alguma necessidade, ímpeto ou desejo, ou seja, por um elemento
afetivo, pois seria um absurdo completo crer na constância
de qualquer pensamento que, supostamente, se encontraria
num estado puramente intelectual, em toda a sua aridez e
frieza. Qualquer sentimento (ou emoção) preponderante deve
concentrar-se numa ideia ou numa imagem que o encarne,
sistematize-o, sem o que ele permanecerá num estado vago.
[...] Dessa forma, podemos ver que esses dois termos – pensamento preponderante e emoção preponderante – são quase
equivalentes porque tanto um quanto o outro envolvem os dois
elementos inseparáveis e indicam apenas a preponderância de
um ou de outro.

Isso é fácil de mostrar com um exemplo de imaginação
artística. Para que, de fato, é necessária a obra artística? Será
que ela não influencia o nosso mundo interior, nossas ideias
e sentimentos da mesma forma que os instrumentos técnicos
influem sobre o mundo externo, o mundo da natureza? Apre-
sentaremos um exemplo muito simples com base no qual será
fácil esclarecer a ação da fantasia artística em sua forma mais
elementar. O exemplo é extraído da obra de Puchkin *A filha
do Capitão* em que se descreve o encontro de Pugatchiov com
o herói, Griniev, que é o narrador da história. Griniev é um
oficial, preso por Pugatchiov, que tenta convencer este último
a recorrer à misericórdia da tsarina e a abandonar seus compa-
nheiros. Ele não consegue entender o que move Pugatchiov.

Pugatchiov deu um sorriso amargo.

– Não – respondeu ele –, é tarde para me arrepender. Não terei
perdão. Continuarei assim como comecei. Quem sabe? De re-
pente, consigo. Pois Grichka Otrepiev não reinou em Moscou?

– Mas você sabe como foi o fim dele? Jogaram-no pela janela,
cortaram-no em pedaços, queimaram-no, carregaram o canhão
com suas cinzas e atiraram.

– Escute – disse Pugatchiov com certo entusiasmo selvagem. – Vou contar-lhe uma história que, na minha infância, uma velha calmuca contou-me. Certa vez, uma águia perguntou ao corvo: 'Diga, pássaro-corvo, porque vives no mundo trezentos anos e eu somente trinta e três?' – 'É porque, paizinho – respondeu o corvo – bebes o sangue vivo e eu me alimento de carniça'. A águia pensou um pouco: eu também vou tentar me alimentar dessa forma. Está bem. Voaram a águia e o corvo. Avistaram uma égua morta. Desceram e pousaram. O corvo começou a bicar a refeição e a se deliciar com ela. A águia bicou uma vez, bicou outra, bateu as asas e disse: 'Não, irmão corvo, melhor uma vez beber sangue vivo do que passar trezentos anos alimentando-se de carniça. E o futuro, seja o que Deus quiser!' Eis o conto calmuco.

A história contada por Pugatchiov é um produto da imaginação e pode-se dizer até de uma imaginação totalmente desvinculada da realidade. Corvo e águia falantes existem apenas como invencionice da velha calmuca. No entanto, é fácil constatar que em outro sentido essa construção fantasiosa parte diretamente da realidade e nela influi. Entretanto, essa realidade não é externa, e sim interna – o mundo das ideias, dos conceitos e dos sentimentos próprio do homem. Dizem dessas obras que elas são fortes não pela verdade externa, mas pela verdade interna. É fácil perceber que, com as imagens do corvo e da águia, Puchkin representou dois tipos distintos de pensamento e de vida, duas maneiras diferentes de relação com o mundo e, de um modo que não era possível esclarecer por meio de uma conversa seca e fria, diferenças entre o ponto de vista de um homem comum e de um rebelde. Pelo modo de sua expressão na história, essa diferença imprime-se na consciência com muita clareza e com enorme força de sentimento.

O conto ajuda a esclarecer uma relação cotidiana complexa; suas imagens iluminam um problema vital e o que não pode ser feito de um modo frio, em prosa, realiza-se na história pela linguagem figurativa e emocional. Eis porque Puchkin está certo quando diz que o verso pode golpear o coração com uma força nunca vista; eis porque, em outro poema, ele fala sobre a vivência emocional real, provocada pela invenção: "As invenções fazem-me derramar em lágrimas". Para convencer-se de que a imaginação, nesse caso, descreve o mesmo círculo completo que quando é encarnada num instrumento material, basta lembrar a ação que a obra artística provoca na consciência da sociedade. Gogol[3] criou *O Inspetor Geral* e os atores interpretaram-no no teatro. Tanto o autor quanto os atores criaram uma obra de fantasia, enquanto a própria peça, interpretada no palco, desnudava com muita clareza todo o horror da Rússia de então. Com tamanha força a peça ironizava costumes aparentemente inabaláveis, que sustentavam a vida, que todos sentiram que continha uma enorme ameaça para o regime que retratava. O próprio tsar, presente na estreia, sentiu mais que qualquer um.

"Hoje sobrou para todos e para mim, principalmente" – disse Nikolai, após o espetáculo.

As obras de arte podem exercer essa influência sobre a consciência social das pessoas apenas porque possuem sua própria lógica interna. O autor de qualquer obra artística, assim como Pugatchiov, combina as imagens da fantasia não à toa e sem propósito ou amontoando-as casualmente, assim como num sonho ou num delírio. Pelo contrário, as obras de arte seguem a lógica interna das imagens em desenvolvimento, lógica essa que se condiciona à relação que a obra estabelece entre o seu próprio mundo e o mundo externo. No conto do corvo e da

---

[3] Nikolai Vassilievitch Gogol (1809-1852) – um dos mais proeminentes escritores russos. (N. da T.)

águia, as imagens são dispostas e combinadas segundo as leis da lógica que regulam duas forças daquele período e que se fazem presentes nas pessoas de Griniev e Pugatchiov. Um exemplo muito curioso desse tipo de círculo completo que descreve a obra artística é apresentado por L. Tolstoi em suas declarações. Ele conta como surgiu a imagem de Natacha no romance *Guerra e Paz*.

"Peguei a Tânia – diz ele – remoí com a Sônia, então, saiu a Natacha."

Tânia e Sônia são, respectivamente, sua cunhada e esposa, duas mulheres reais. Da combinação das duas foi produzida uma imagem artística. Os elementos hauridos da realidade longe de se combinarem pelo livre desejo do artista, fazem--no segundo a lógica interna da imagem artística. Certa vez, Tolstoi ouviu a opinião de uma das leitoras a respeito de como ele teria sido cruel com Anna Karenina, heroína de seu romance, obrigando-a a jogar-se debaixo do trem. Tolstoi, então, disse:

> Isso lembra-me um caso ocorrido com Puchkin. Certa vez, ele disse a um de seus colegas:
>
> – Imagine o que Tatiana aprontou comigo. Ela casou-se. Jamais esperava isso dela.
>
> O mesmo posso dizer de Anna Karenina. De um modo geral, meus heróis e heroínas, às vezes, fazem coisas que eu não esperava. Eles fazem o que devem fazer na vida real, como acontece de verdade na vida real, e não o que eu quero.

Verificamos esse tipo de declaração em vários autores, que destacam a lógica interna que norteia a construção de uma imagem artística. Num exemplo maravilhoso, Wundt expressou essa lógica da fantasia, ao dizer que a ideia de casamento pode inculcar a ideia de sepultamento (união e separação dos noivos), porém não a ideia de uma dor de dente.

IMAGINAÇÃO E CRIAÇÃO NA INFÂNCIA

Assim, numa obra de arte, frequentemente encontramos justaposições de traços distantes uns dos outros e aparentemente desconexos, que, todavia, não são estranhos uns aos outros, como a ideia de dor de dente e de casamento, mas unidos por uma lógica interna.

O MECANISMO DA
IMAGINAÇÃO CRIATIVA

Do que foi dito, vê-se que, por sua composição, a imaginação é um processo extremamente complexo. Essa complexidade é exatamente a principal dificuldade no estudo do processo de criação que conduz, frequentemente, a ideias equivocadas em relação à sua natureza e ao seu caráter como algo excepcional e completamente extraordinário. Não faz parte da nossa tarefa aqui apresentar uma completa descrição da composição desse processo. Isso exigiria uma análise psicológica muito longa que foge aos nossos interesses, neste momento. Mas para se ter uma ideia da complexidade dessa atividade, vamos deter-nos muito brevemente em alguns momentos que fazem parte do processo. Toda atividade de imaginação tem sempre uma história extensa. O que denominamos de criação é, comumente, apenas o ato catastrófico do parto que ocorre como resultado de um longo período de gestação e desenvolvimento do feto.

Bem no início desse processo, como já sabemos, estão sempre as percepções externas e internas, que compõem a base da nossa experiência. O que a criança vê e ouve, dessa forma, são os primeiros pontos de apoio para sua futura criação. Ela acumula material com o qual, posteriormente, será construída a sua fantasia. Segue-se, então, um processo complexo de reelaboração desse material. A dissociação e a associação das impressões percebidas são partes importantíssimas desse processo. Qualquer impressão representa em si um todo complexo, composto de múltiplas partes separadas. A dissociação consiste em fragmentar esse todo complexo em partes. Algumas delas destacam-se das demais; umas conservam-se e outras são esquecidas. Dessa forma, a dissociação é uma condição necessária para a atividade posterior da fantasia.

Subsequentemente, para reunir os diferentes elementos, a pessoa deve, antes de tudo, romper a relação natural segundo a qual estes foram percebidos. Antes de criar a imagem de Natacha em *Guerra e Paz*, Tolstoi precisou destacar cada um dos traços de duas mulheres de sua intimidade. Sem isso ele não teria como remoer e misturar as duas para conseguir criar a imagem de Natacha. O realce de cada um desses traços e a rejeição de outros são o que, devidamente, podemos denominar dissociação. Esse processo é de extrema importância em todo o desenvolvimento mental humano; ele está na base do pensamento abstrato, da formação de conceitos.

Saber destacar traços específicos de um todo complexo é, sem dúvida alguma, significativo para qualquer trabalho criativo humano com as impressões. A esse processo segue-se o de modificação a que se submetem os elementos dissociados. Tal processo de modificação ou de distorção baseia-se na natureza dinâmica dos nossos estímulos nervosos internos e nas imagens que lhe correspondem. As marcas das impressões externas não se organizam inercialmente no nosso cérebro, como os objetos numa cesta. São, em si mesmas, processos; movem-se, modificam-se, vivem e morrem. Nesse movimento está a garantia de sua modificação sob a influência de fatores internos que as distorcem e reelaboram. Um exemplo dessa modificação interna é o processo de exacerbação e atenuação de alguns elementos das impressões, cujo significado para a imaginação, em geral, e para a imaginação da criança, em particular, é enorme. As impressões supridas pela realidade modificam-se, aumentando ou diminuindo suas dimensões naturais. A paixão das crianças pelo exagero, do mesmo modo que a dos adultos, tem fundamentos internos muito profundos que, em grande parte, consistem na influência que o nosso sentimento interno tem sobre impressões externas. Exageramos porque queremos ver as coisas de forma exacerbada, porque isso corresponde à nossa necessidade, ao nosso estado interno. A paixão das crianças pelo exagero é maravilhosamente registrada em imagens de contos. Gros relata a narrativa de sua filha de cinco anos e meio:

> Era uma vez um rei – contava a garotinha – que tinha uma filha pequena. Ela estava no berço, ele aproximou-se dela e viu que era sua filha. Depois disso, eles casaram-se. Quando estavam à mesa, o rei disse-lhe: por favor, traga-me cerveja num copo grande. Então, ela levou-lhe um copo de cerveja da altura de três *archin*.[1] Depois disso, todos adormeceram, menos o rei que permaneceu de guarda e, se eles ainda não morreram, então, estão vivos até hoje.

Diz Gros:

> Esse exagero resulta do interesse por tudo que é notável e extraordinário, que se conjuga ao sentimento de orgulho pela posse imaginária de algo especial: eu tenho 30 moedas; não, tenho 50; não, 100; não, tenho 1000! Ou: acabei de ver uma borboleta do tamanho de um gato; não, do tamanho de uma casa!.

Com toda razão, Bühler[2] indica que, na criança, esse processo de modificação, particularmente, de exacerbação, permite-lhe

---

[1] *Archin* – medida russa antiga. Cada *archin* equivale a 2,13 metros. (N. da T.)

[2] Charlotte Bühler (1893-1974) – psicóloga austríaca. (N. da T.)

o exercício da operação com valores que não estão diretamente disponíveis em sua experiência. É fácil constatar o enorme valor desses processos de modificação, em especial dos exageros, nos exemplos de imaginação numérica que Ribot apresenta. Diz ele:

> Em lugar algum a imaginação numérica teve um desabrochar tão esplendoroso quanto entre os povos orientais. Eles brincavam com os números com uma coragem admirável e esbanjavam-nos de modo extravagante. Assim, na cosmogonia dos Caldeus, está escrito que Deus – o peixe Oannes – dedicou 259.200 anos à educação da humanidade; depois, ao longo de 432.000 anos, diferentes figuras míticas reinaram sobre a Terra e, decorridos esses 691.200 anos, a face da Terra foi renovada por uma inundação [...] No entanto, os hindus superaram isso tudo. Eles inventaram as mais grandiosas unidades que serviam de base e de material para um jogo fantástico com os números. Os Jainistas dividem o tempo em dois períodos: o ascendente e o descendente. Cada um deles tem uma duração fabulosa de 2.000.000.000.000.000 anos-oceano, sendo que, a propósito, cada ano-oceano é igual a 1.000.000.000.000.000 [...] Os raciocínios com base nessa duração, certamente, devem fazer rodar a cabeça de um budista devoto.

Um jogo semelhante com exageros numéricos é muito importante para o ser humano. Podemos ver a prova viva disso na astronomia e em outras ciências naturais que operam com valores imensamente maiores. Diz Ribot:

> Nas ciências a imaginação numérica não se reveste de mitos semelhantes. Acusam a ciência de reprimir, com o seu desenvolvimento, a imaginação, quando, na verdade, ela abre áreas incomparavelmente mais amplas para a sua criação. A astronomia levita na eternidade do tempo e do espaço. Ela vê o nascimento de mundos que, de início, cintilam com uma luz opaca de nebulosa, a qual, depois, transforma-se em sóis

brilhantes e ofuscantes. Resfriando-se, esses sóis cobrem-se de manchas, ficam turvos e apagam-se. A geologia acompanha o desenvolvimento do planeta que habitamos por meio de uma série de mudanças e cataclismos. Ela prevê o futuro remoto do globo terrestre que, ao perder vapor d'água, que protege sua atmosfera da excessiva irradiação de calor, deverá morrer de frio. As hipóteses sobre átomos e partículas dos corpos, aceitas por todos na física e na química, não ficam a dever em atrevimento e coragem aos produtos da imaginação dos hindus.

Vemos que o exagero, assim como a imaginação, em geral, é necessário tanto na arte quanto na ciência. Não fosse essa capacidade, comicamente manifestada na história da menina de cinco anos e meio, a humanidade não teria criado a astronomia, a geologia, a física.

O momento subsequente que compõe os processos da imaginação é a associação, isto é, a união dos elementos dissociados e modificados. Como já foi demonstrado anteriormente, a associação pode ocorrer em bases diferentes e assumir formas variadas: desde a união subjetiva de imagens à cientificamente objetiva, correspondente, por exemplo, a conceitos geográficos. Por fim, o último momento do trabalho preliminar da imaginação é a combinação de imagens individuais, sua organização num sistema, a construção de um quadro complexo. Mas a atividade da imaginação criativa não para aqui. Como já destacamos, seu círculo completo é concluído quando se encarna ou se cristaliza em imagens externas.

No entanto, trataremos, separadamente, do processo de cristalização ou passagem da imaginação para a realidade. Nesse momento, visto estarmos falando apenas do aspecto interno da imaginação, indicaremos os fatores psicológicos de que depende o andamento de cada um daqueles processos. O primeiro desses fatores, como estabeleceu a análise psicológica, é sempre a necessidade do homem de se adaptar

IMAGINAÇÃO E CRIAÇÃO NA INFÂNCIA

ao meio que o cerca. Se a vida ao seu redor não o coloca diante de desafios, se as suas reações comuns e hereditárias estão em equilíbrio com o mundo circundante, então, não haverá qualquer base para a emergência da criação. O ser completamente adaptado ao mundo nada desejaria, não teria qualquer anseio e, é claro, nada poderia criar. Por isso, na base da criação há sempre uma inadaptação da qual surgem necessidades, anseios e desejos.

Diz Ribot:

> Cada necessidade, anseio ou desejo, isoladamente ou conjugado a vários outros, pode servir de impulso para a criação. A análise psicológica requer, a cada vez, o desdobramento da 'criação espontânea' nesses seus elementos primários [...] Qualquer invenção possui, portanto, uma origem *motriz*; em todos os casos, a essência principal da invenção criativa é *motriz*.
>
> As necessidades e os desejos por si mesmos não podem criar nada. Eles são apenas estímulos e molas propulsoras. Para a invenção acontecer é necessária ainda a presença de uma condição adicional, mais precisamente, a ressurreição espontânea de imagens. Chamo de ressurreição espontânea a que ocorre de repente, sem motivos aparentes que a provoquem. De fato, os motivos existem, mas suas ações estão ocultas em formas latentes do pensamento por analogia, do estado afetivo, do funcionamento inconsciente do cérebro.

Dessa forma, a existência de necessidades ou anseios põe em movimento o processo de imaginação e a revitalização de trilhas nervosas dos impulsos fornece material para o seu trabalho. Essas duas condições são necessárias e suficientes para se compreender a atividade da imaginação e de todos os processos que fazem parte dela.

Surge mais uma questão relativa aos fatores dos quais depende a imaginação. Com relação aos fatores psicológicos, já os indicamos, ainda que de forma dispersa.

Já mencionamos que a atividade da imaginação depende da experiência, das necessidades e dos interesses sob cuja forma essas necessidades se expressam. É fácil compreender que essa atividade depende também da capacidade combinatória e do seu exercício, isto é, da encarnação material dos frutos da imaginação; que depende, ainda, do conhecimento técnico e das tradições, ou seja, dos modelos de criação que influenciam a pessoa. Todos esses fatores são de grande importância, mas de modo tão claro e simples que dispensa nossos comentários, neste momento. A ação de outro fator, mais precisamente do meio circundante, é muito menos evidente e, por isso, bem mais importante. A imaginação costuma ser retratada como uma atividade exclusivamente interna que independe das condições externas ou, no melhor dos casos, que depende delas apenas na medida em que elas determinam o material com o qual a imaginação opera. À primeira vista, os processos de imaginação por si sós, seu direcionamento, parecem ser apenas internamente orientados pelos sentimentos e pelas necessidades da própria pessoa, estando, dessa forma, condicionados a motivos subjetivos e não objetivos. Na verdade, não é assim. Há tempos, a psicologia estabeleceu a lei segundo a qual o ímpeto para a criação é sempre inversamente proporcional à simplicidade do ambiente.

Diz Ribot:

> Por isso, ao comparar pessoas negras com brancas, povos primitivos com civilizados, vê-se que, sendo o tamanho da população o mesmo, a desproporcionalidade no número de inovadores, nos dois casos, é impressionante.

Weismann[3] explica maravilhosamente bem essa dependência entre a criação e o meio. Diz ele:

---

[3] Provavelmente, o autor se refere a August Weismann (1834-1914) – biólogo alemão. (N. da T.)

Suponhamos que, nas ilhas Samoa, nasça uma criança com o gênio peculiar e exclusivo de Mozart. O que ela poderá realizar? No máximo, expandir uma escala de três ou quatro tons até sete e criar algumas melodias mais complexas, porém, seria incapaz de compor sinfonias, da mesma forma que Arquimedes, de inventar a máquina eletrodinâmica.

Qualquer inventor, mesmo um gênio, é sempre um fruto de seu tempo e de seu meio. Sua criação surge de necessidades que foram criadas antes dele e, igualmente, apoia-se em possibilidades que existem além dele. Eis porque percebemos uma coerência rigorosa no desenvolvimento histórico da técnica e da ciência. Nenhuma invenção e descoberta científica pode surgir antes que aconteçam as condições materiais e psicológicas necessárias para seu surgimento. A criação é um processo de herança histórica em que cada forma que sucede é determinada pelas anteriores.

Dessa maneira também se explica a distribuição desproporcional de inovadores e de pessoas criadoras em diferentes classes. As classes privilegiadas detêm um percentual incomensuravelmente maior de inventores na área da ciência, da técnica e das artes porque exatamente nessas classes estão presentes todas as condições necessárias para a criação.

Diz Ribot:

> Comumente, falam tanto do voo livre da imaginação, dos superpoderes do gênio, que se esquecem das condições sociológicas (sem falar das outras) das quais dependem a cada passo. Por mais individual que seja qualquer criação, ela sempre contém um coeficiente social. Nesse sentido, nenhuma invenção será estritamente pessoal já que sempre envolve algo de colaboração anônima.

A IMAGINAÇÃO DA CRIANÇA
E DO ADOLESCENTE

A atividade da imaginação criadora é muito complexa e depende de uma série de diferentes fatores. Por isso, é completamente compreensível que não possa ser igual na criança e no adulto, uma vez que todos esses fatores adquirem formas distintas em diversas épocas da infância. Eis porque em cada período do desenvolvimento infantil a imaginação criadora funciona de modo peculiar, característica de uma determinada etapa do desenvolvimento em que se encontra a criança. Vimos que a imaginação depende da experiência e a experiência da criança forma-se e cresce gradativamente, diferenciando-se por sua peculiaridade em comparação à do adulto. A relação com o meio, que, por sua complexidade ou simplicidade, por suas tradições ou influências, pode estimular e orientar o processo de criação, é completamente outra na criança. Os interesses da criança e do adulto são diferentes e, por isso, compreende-se porque a imaginação dela funciona de maneira diferente da do adulto.

Em que, então, se diferenciam a imaginação da criança e a do adulto e qual é a linha principal de seu desenvolvimento na idade infantil? Até hoje, ainda existe a opinião de que a imaginação na criança é mais rica do que no adulto. A infância é considerada a época em que a fantasia é mais desenvolvida e, de acordo com essa visão, na medida em que a criança se desenvolve, sua imaginação e a força de sua fantasia diminuem. Formou-se essa visão porque uma série de observações da atividade da fantasia apresenta razões para essa conclusão.

As crianças podem fazer tudo de tudo, dizia Goethe,[1] e essa ausência de exigência e de pretensão da fantasia infantil, que já não é livre no homem adulto, era aceita, muitas vezes, como liberdade ou riqueza da imaginação infantil. Além disso, a obra da imaginação infantil diverge forte e nitidamente da experiência do adulto, o que permitia chegar à conclusão que a criança vive mais tempo num mundo fantasioso do que no mundo real. Ainda, são conhecidas as imprecisões, as alterações da experiência real, o exagero e, finalmente, o gosto pelos contos e histórias fantásticas, características da criança.

Tudo isso junto serviu de fundamento para se afirmar que a fantasia na idade infantil é exercida de modo mais rico e diversificado do que no homem maduro. No entanto, ao ser analisado sob o prisma científico, esse ponto de vista não encontra confirmação. Sabemos que a experiência da criança é bem mais pobre do que a do adulto. Sabemos, ainda, que seus interesses são mais simples, mais elementares, mais pobres; finalmente, suas relações com o meio também não possuem a complexidade, a sutileza e a multiplicidade que distinguem o comportamento do homem adulto, que são fatores importantíssimos na definição da atividade da imaginação. A imaginação da criança, como está claro, não é mais rica, e sim mais pobre que a do homem adulto; ao longo do processo de desenvolvimento

---

[1] Johann Wolfgang von Goethe (1749-1832) – poeta, romancista e cientista alemão dos mais destacados. (N. da T.)

da criança, desenvolve-se também a sua imaginação, atingindo a sua maturidade somente na idade adulta.

Eis porque os produtos da verdadeira imaginação criadora em todas as áreas pertencem somente à fantasia amadurecida. À medida que a maturidade se aproxima, começa também a amadurecer a imaginação e, na idade de transição – nos adolescentes, coincide com a puberdade –, a potente ascensão da imaginação e os primeiros rudimentos de amadurecimento da fantasia unem-se. Além disso, os autores que escreveram sobre a imaginação indicaram a íntima relação entre o amadurecimento sexual e o desenvolvimento da imaginação. Pode-se entender essa relação, levando-se em conta que, nessa época, amadurece e conclui-se a grande experiência do adolescente, amadurecem os chamados interesses permanentes; os interesses infantis rapidamente retraem-se e, com o amadurecimento geral, a atividade de imaginação dele obtém uma forma final.

Ribot, em seu estudo sobre a imaginação criadora, apresentou a curva, mostrada no desenho mais adiante, que representa simbolicamente o desenvolvimento da imaginação, permitindo compreender a peculiaridade da imaginação infantil, da do homem adulto e da que acontece no período de transição que é o nosso interesse, nesse momento. A principal lei de desenvolvimento da imaginação, representada pela curva, é formulada da seguinte forma: no seu desenvolvimento, a imaginação passa por dois períodos, divididos pela fase crítica. A linha IM representa o curso do desenvolvimento da imaginação no primeiro período. Ela ascende bruscamente e, depois, mantém-se por um longo período no nível que atingiu. A linha RO, tracejada, representa o curso do desenvolvimento do intelecto ou razão. Como se vê pelo desenho, esse desenvolvimento começa mais tarde e ascende mais devagar porque exige maior acúmulo de experiência e reelaboração mais complexa. Somente no ponto

M, as duas linhas – do desenvolvimento da imaginação e do desenvolvimento da razão – coincidem.[2] O lado esquerdo do nosso desenho mostra claramente a especificidade que diferencia a atividade da imaginação na idade infantil, que era vista como indício de riqueza por muitos pesquisadores. Pelo desenho, é fácil perceber que o desenvolvimento da imaginação e o da razão divergem bastante na infância; essa relativa autonomia da imaginação infantil, sua independência em relação à razão, é a expressão não de riqueza, mas de pobreza da fantasia infantil.

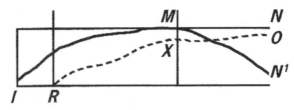

A criança é capaz de imaginar bem menos do que um adulto, mas ela confia mais nos produtos de sua imaginação e os controla menos. Por isso, a imaginação na criança, no sentido comum e vulgar dessa palavra, ou seja, de algo que é irreal e inventado, é, evidentemente, maior do que no adulto. No entanto, não só o material do qual se constrói a imaginação é mais pobre na criança do que no adulto, como também o caráter, a qualidade e a diversidade das combinações que se unem a esse material rendem-se de modo significativo às combinações dos adultos. De todas as formas de ligação com a realidade indicadas antes, somente a primeira – mais precisamente, a realidade dos

---

[2] A descrição que Vigotski faz da curva não corresponde, precisamente, à figura apresentada por ele. Pesquisando o texto original de Ribot, no livro *Essay sur L'imagination créatrice*, edição de 1908, verificamos que o desenho de Vigotski, que reproduz a figura de Ribot, tem algumas imprecisões. Ao final do capítulo é apresentada a figura original que se encontra na obra de Ribot citada por Vigotski. (N. da T.)

elementos dos quais a imaginação se constrói – está presente na criança no mesmo grau que no adulto. Provavelmente, com a mesma força que no adulto, manifesta-se também a raiz emocional real da imaginação da criança; no que diz respeito às outras duas formas de ligação, é preciso destacar que elas se desenvolvem muito devagar e de modo gradual apenas com o passar dos anos. A partir do momento de encontro entre as duas curvas da imaginação e da razão, no ponto M, o desenvolvimento posterior da imaginação, como demonstra a linha MN, caminha paralelamente à linha do desenvolvimento da razão XO. A divergência que era característica da infância sumiu aqui; a imaginação, que se uniu profundamente ao pensamento, transcorre no mesmo passo que ele.

Ribot dizia: "Essas duas formas intelectuais estão agora uma diante da outra como forças competitivas". A atividade da imaginação "continua, mas previamente modificada: a imaginação adapta-se às condições racionais, já não é imaginação pura, e sim, mista". No entanto, não é assim que ocorre em todas as pessoas; em muitas, o desenvolvimento assume outra variante, o que é simbolizado no desenho pela curva MN^1, que decresce com rapidez e assinala a queda ou o retraimento da imaginação.

> A imaginação criadora entra em declínio – esse é o caso mais comum. Apenas os ricamente dotados de imaginação são exceção; a maioria, aos poucos, entra na prosa da vida prática, enterra os sonhos de sua juventude, considera o amor uma quimera etc. Isso, no entanto, é uma regressão e não o aniquilamento, porque a imaginação criadora não desaparece completamente em ninguém, ela somente transforma-se em casualidade.

De fato, onde quer que se conserve uma ínfima parte da vida criativa, aí também tem lugar a imaginação. É um postulado conhecido o de que, na idade madura, a curva da vida criativa entra, com frequência, em declínio. Analisemos mais de perto essa fase crítica MX que divide os dois períodos. Como já falamos, ela é característica do período de transição que nos interessa, preferencialmente, neste momento. Se entendermos a trajetória que faz, agora, a curva da imaginação, teremos, então, a chave da compreensão correta de todo o processo de criação nessa idade. Nesse período, ocorre uma profunda reestruturação da imaginação: de subjetiva ela transforma-se em objetiva.

> Na ordem fisiológica, o motivo dessa crise é a formação do organismo adulto e do cérebro adulto e, na ordem psicológica, o antagonismo entre a subjetividade pura da imaginação e a objetividade dos processos racionais, ou seja, em outras palavras, entre a instabilidade e a estabilidade da mente.

Sabemos que a idade de transição caracteriza-se por uma série de relações antitéticas, contraditórias e polarizadas, próprias de seus momentos. É exatamente isso que define essa idade como crítica ou de transição: é a idade da transgressão do equilíbrio do organismo infantil e do equilíbrio ainda não encontrado do organismo maduro. Por isso, nesse período, a imaginação caracteriza-se pela ruptura, transgressão e buscas de um novo equilíbrio. A atividade de imaginação, na forma em que se manifestava na infância, retrai-se na adolescência. É muito fácil perceber isso quando, numa criança dessa idade, como regra geral ou na maioria dos casos, desaparece a paixão pelo desenho. Apenas algumas continuam a desenhar; em sua maioria, apenas as mais talentosas ou que são estimuladas pelas condições externas com aulas especiais de desenho etc. A criança começa a ter uma relação crítica com os seus desenhos; os esquemas infantis deixam de satisfazê-la; eles parecem-lhe por demais objetivos e ela chega à conclusão de que não sabe desenhar, deixando de lado o desenho. Podemos observar a mesma retração da fantasia infantil quando desaparece o interesse da criança pelas brincadeiras ingênuas da primeira infância e também pelos contos de fadas. A duplicidade da nova forma de imaginação que, agora, se inicia pode ser facilmente observada pelo fato de que a atividade da imaginação mais difundida e popular nessa idade é a criação literária. Essa criação é estimulada pela ascensão das vivências subjetivas, pela ampliação e aprofundamento da vida íntima do adolescente de tal forma que, nessa época, forma-se nele um mundo interno específico. No entanto, esse lado subjetivo, na forma objetiva, tende a encarnar-se em versos, narrativas, nas formas criativas que o adolescente percebe da literatura dos adultos que o cerca. O desenvolvimento dessa imaginação contraditória segue pela linha de atrofia de seus momentos subjetivos e pela linha de crescimento e consolidação dos momentos objetivos. Em geral, como regra, rapidamente, para a maioria dos adolescentes ocorre de novo o processo de retração do interesse pela criação literária; o adolescente começa também a ser crítico em relação a si, do mesmo modo que, antes, criticava seus desenhos; ele começa a ficar insatisfeito com a insuficiente objetividade de seus escritos e deixa de escrever. Então, o avanço da imaginação e sua profunda transfiguração caracterizam a fase crítica.

Nessa mesma época, com bastante nitidez, apresentam-se dois tipos principais de imaginação: a plástica e a emocional, ou a imaginação externa e a interna. Esses dois tipos principais caracterizam-se, basicamente, pelo material de que são feitas as construções da fantasia e pelas leis dessa construção. A imaginação plástica utiliza, predominantemente, os dados de impressões externas; ela se constrói de elementos tomados de fora; a emocional, pelo contrário, se constrói de elementos tomados de dentro. Podemos chamar uma de objetiva e a outra de subjetiva. A manifestação de um ou de outro tipo de imaginação e a sua gradual diferenciação são características dessa idade.

A esse respeito, é necessário indicar o duplo papel que a imaginação pode desempenhar no comportamento do ser humano. Tanto pode levar a pessoa para a realidade como distanciá-la dela. Janet[3] diz:

> A própria ciência, pelo menos a ciência natural, é impossível sem imaginação. Com o auxílio dela Newton prevê o futuro, Cuvier revê o passado. As grandes hipóteses das quais nascem as grandes teorias são essencialmente frutos da imaginação.

No entanto, Pascal, com toda razão, denomina a imaginação de professor astuto. Diz Compayré:[4]

> Ela mais sugere erros do que obriga a descobrir novas verdades [...] Ela induz o cientista descuidado a deixar de lado os raciocínios e as observações, aceitando suas fantasias como verdades comprovadas; ela afasta-nos da realidade com seus enganos encantadores; de acordo com a forte expressão de Malebranche, ela é uma peraltice que instala a desordem na casa.

Com frequência, em especial na idade de transição, manifestam-se esses lados perigosos da imaginação. É extremamente fácil satisfazer-se na imaginação; a fuga para o sonho, para o mundo imaginário, muitas vezes, afasta as forças e a vontade do adolescente do mundo real.

Alguns autores até supunham que o desenvolvimento do espírito sonhador e do isolamento, da reserva, da ensimesmação, ligados a ele, constitui um traço imprescindível dessa idade. Seria possível dizer com mais precisão que todos esses fenômenos compõem o lado sombreado dessa idade. Essa sombra do espírito sonhador que se inscreve nessa idade, esse papel duplo da imaginação, faz com que ela se transforme num processo complexo, cujo domínio fica extremamente difícil. Diz Gros:

---

[3] Pierre Janet (1859-1947) – filósofo, psiquiatra e sociólogo francês. (N. da T.)

[4] Provavelmente, o autor refere-se a Gabriel Compayré (1843-1913) – professor e político francês. (N. da T.)

Se o pedagogo-prático deseja desenvolver corretamente a capacidade preciosa de fantasia criadora, então, ele terá pela frente uma tarefa difícil que é refrear esse cavalo selvagem e assustado de origem nobre e domá-lo para servir à bondade.

Pascal, como já foi dito, chamava a imaginação de professor astuto. Goethe denominava-a de precursora da razão. Os dois estavam igualmente certos.

Surge a questão: a atividade da imaginação não depende do talento? Existe uma opinião muito difundida de que a criação é o destino de eleitos e que apenas quem tem o dom de um talento especial irá desenvolvê-la, podendo considerar-se convocado para a criação. Esse postulado não é correto, como já tentamos explicar. Se compreendermos a criação, em seu sentido psicológico verdadeiro, como a criação do novo, é fácil chegar à conclusão de que ela é o destino de todos, em maior ou menor grau; ela também é uma companheira normal e constante do desenvolvimento infantil.

Na infância, encontram-se as chamadas crianças-prodígio ou excepcionais que bem cedo revelam um rápido amadurecimento de algum dom especial.

Com mais frequência podemos encontrar essas crianças-prodígio na música, mas existem também, apesar de serem mais raras, nas artes plásticas. Willy Ferrero, um exemplo de criança prodígio, há 20 anos, ficou famoso mundialmente, revelando um dom musical extraordinário ainda bem pequeno. Com seis ou sete anos, regeu uma orquestra sinfônica na execução de obras musicais complexas, além de também ser um virtuose em instrumento musical etc. Há muito tempo já se assinalou que o desenvolvimento prematuro e excessivo de um dom é próximo do patológico, ou seja, anormal.

Porém, é muito mais importante a regra que não conhece exceções, segundo a qual as crianças-prodígio, amadurecidas precocemente, se se desenvolvessem normalmente, superariam todos os gênios famosos da história. No entanto, comumente, à medida que amadurecem, elas perdem o seu talento e sua atividade não cria – e até hoje não criou – na história da arte, nenhuma obra valiosa. As especificidades comuns da criação infantil são esclarecidas de um modo melhor com crianças comuns e normais e não com crianças-prodígio. É claro, isso não significa que o dom ou o talento não se manifeste na tenra infância. Pelas biografias de grandes personalidades sabemos que rudimentos dessa genialidade mostram-se em algumas pessoas na primeira infância.

Como exemplo de amadurecimento precoce podemos citar Mozart aos três anos; Mendelssohn, aos cinco e Haydn, aos 4; Handel apresentou-se como compositor aos 12 anos; Weber, aos 12; Schubert, aos 11; Cherubini, aos 13... Nas artes plásticas, a vocação e a capacidade de criação manifestam-se bem mais tarde, em média, por volta dos 14 anos; em Giotto, foi aos 10 anos; em Van Dyck, aos 9; em Raphael, aos 8; em Greuze, aos 8; em Michellangelo, aos 13; em Dürer, aos 15; em Bernini, aos 12 e em Rubens e Jordano também desenvolveram-se muito cedo. Na poesia, não são encontradas obras que tenham algum valor extrapessoal antes dos 16 anos.

Mas a verdadeira criação grandiosa ainda está distante desses sinais da genialidade futura. Eles são apenas relâmpagos que, com muita antecedência, anunciam a tempestade; são indicações para o futuro desabrochar dessa atividade.

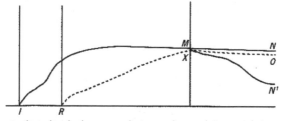

Reprodução digitalizada da curva relativa ao desenvolvimento da imaginação e da razão, segundo Ribot (Ribot, T. *Essay sur l'imagination créatrice*. Paris: Félix Alcan, Éditeur, 1908, p. 140).

"OS SUPLÍCIOS DA CRIAÇÃO"

A criação traz grandes alegrias para a pessoa. Mas há também os sofrimentos contidos na expressão "os suplícios da criação". Criar é difícil. A necessidade de criar nem sempre coincide com as possibilidades de criação e daí surge um sentimento de sofrimento penoso de que a ideia não foi para a palavra, como diz Dostoievski.[1] Esse suplício é expresso pelos poetas com palavras:

> Não há no mundo suplício maior que o suplício da palavra;
> Inutilmente um grito quer sair, às vezes, da boca;
> Inutilmente, o amor está pronto para queimar a alma:
> Nossa língua pobre é fria e deplorável.[2]

Esse desejo de transmitir em palavras o sentimento ou a ideia que nos domina, o desejo de contagiar o outro com esse sentimento e, junto a isso, o sentimento da impossibilidade

---

[1] Fiodor Mirrailovitch Dostoievski (1821-1881) – um dos mais famosos e destacados escritores russos. Vigotski refere-se ao romance *Adolescente*, publicado em 1875. (N. da T.)

[2] Versos de um poema sem título do poeta russo Semion Nadson (1862-1887). (N. da T.)

de fazê-lo estão fortemente expressos na criação literária da juventude. Em seus primeiros versos, Lermontov[3] fala disso da seguinte forma:

> Com a letra fria é difícil explicar
> A luta das ideias. Não há sons nas pessoas
> Bastante fortes para representar
> O desejo de deleite. O fogo das paixões
> Supremas sinto eu, mas palavras
> Não encontro e, neste instante, estou pronto
> A pagar com a própria vida para derramar
> A sombra dela, ao menos, em outro peito.[4]

A. Gornfeld,[5] no artigo dedicado aos suplícios da palavra, lembra o herói incidental de Uspenski.[6] É o andarilho de *As observações de um indolente*. Causa uma sensação terrível a cena em que o infeliz, sem encontrar a palavra para expressar uma grande ideia que o domina, tenta, em vão, esforça-se, inutilmente, e reza para o santo, pedindo que "Deus lhe dê o conceito". No entanto, aquilo que vivencia essa mente pobre e humilde não se diferencia em nada do mesmo "suplício da palavra" do poeta ou pensador. Inclusive, ele fala com as mesmas palavras:

> Meu amigo, de uma forma especial, diria a você, não esconderia nada, mas não tenho palavra para dizer... Eis o que vou lhe dizer: pelos pensamentos ela sai, mas pela língua não. Essa é a nossa tola desgraça!

---

[3] Mikhail Iurievitch Lermontov (1814-1841) – um dos poetas russos mais destacados (N. da T.)

[4] Trecho extraído do poema *1831,* do dia 11 de junho. (N. da T.)

[5] Arcadi Gueorguievitch Gornfeld (1867-1941) – crítico literário, tradutor e jornalista russo e soviético. (N. da T.)

[6] Gleb Ivanovitch Uspenski (1843-1902) – escritor russo, *narodnik.* (N. da T.)

De tempos em tempos, as penumbras são substituídas por instantes de clareza; a ideia fica mais clara para o infeliz; para ele – assim como para o poeta – "parece que o segredo encarnará uma face conhecida". Então, passa para sua explicação:

> – Se, por exemplo, vou para a terra, porque saí da terra, saí da terra. Se vou para a terra, por exemplo, de volta, como poderiam cobrar de mim a terra?
>
> – Ah! – pronunciamos alegremente.
>
> – Espere. Aqui, é preciso mais uma palavra... vejam, senhores, como.
>
> O andarilho levantou-se e posicionou-se no meio do cômodo, preparando-se para dobrar mais um dedo da mão.[7]
>
> – Ainda não foi dito nada do mais verdadeiro. Olhem como é: porque, por exemplo... – ele parou e pronunciou animadamente:
>
> – Quem lhe deu a alma?
>
> – Deus.
>
> – Está certo. Bem. Agora, olhe para cá...
>
> Preparamo-nos para 'olhar', mas o andarilho engasgou, novamente, perdeu energia, bateu com as mãos nos quadris e, quase desesperado, exclamou:
>
> – Não. Não há o que fazer. Tudo errado... Ah, meu Deus. Vou lhe dizer algo mais. Tenho de dizer de lá. É sobre a alma que devo falar... e quanto. Não, não.

Detivemo-nos nessa questão não porque as vivências do sofrimento relacionadas à criação tenham uma influência séria no destino do adolescente em desenvolvimento; nem mesmo porque os suplícios sejam normalmente vivenciados de modo forte ou trágico o suficiente, e sim porque esse fenômeno desvenda para nós o último e mais importante traço da imaginação, sem

---

[7] Provavelmente, o personagem está começando a contar. No Brasil, fechamos os dedos da mão e os soltamos, gradualmente, fazendo a contagem. Na Rússia, é o contrário: vão-se fechando os dedos, à medida que se faz a contagem. (N. da T.)

o qual o quadro delineado por nós estaria incompleto em sua essência. Esse traço – o ímpeto da imaginação para encarnar--se – é a verdadeira base e o início motriz da criação. Qualquer construção que parta da realidade tende a fechar o círculo e encarnar-se na realidade.

Ao surgir em resposta à nossa aspiração e ao estímulo, a construção da imaginação tem a tendência de encarnar-se na vida. Por força dos impulsos contidos nela, tende a tornar-se criativa, ou seja, ativa, transformadora daquilo em direção ao que a sua atividade se orienta. Nesse sentido, Ribot, com toda razão, compara o espírito sonhador com a falta de vontade. Para esse autor, essa forma malsucedida de imaginação criativa é perfeitamente análoga à impotência da vontade. Segundo ele,

> a imaginação, na esfera intelectual, corresponde à vontade, na esfera dos movimentos. As pessoas querem alguma coisa, seja algo fútil ou importante; inventam sempre com algum objetivo, seja Napoleão, que inventa o plano da batalha, ou um cozinheiro, que faz um novo prato.
>
> [...] Em toda sua forma normal e completa, a vontade termina em ação, mas, em pessoas indecisas e impotentes, as hesitações nunca cessam ou, então, a decisão permanece sem execução, não se realizando, nem se confirmando na prática. Na sua forma plena, a imaginação criadora, externamente, tende a confirmar-se com uma ação que existe não apenas para o inventor, mas também para todas as outras pessoas. Ao contrário, nos sonhadores genuínos, a imaginação permanece na esfera interna, num estado mal elaborado, e não se encarna numa invenção artística ou prática. O espírito sonhador representa o equivalente a pouca vontade, e os sonhadores não são capazes de revelar uma imaginação criadora.

O ideal é uma construção da imaginação criadora; somente é uma força ativa da vida ao dirigir as ações e os comportamentos do homem, buscando encarnar-se e realizar-sc. Separando-

-se, assim, o espírito sonhador e a imaginação criadora como dois extremos e formas essencialmente diferentes de fantasia, ficará claro que, em todo o processo de educação da criança, a formação da imaginação não tem apenas um significado particular do exercício e do desenvolvimento de alguma função separada, mas um significado geral que se reflete em todo o comportamento humano. Nesse sentido, o papel da imaginação no futuro dificilmente será menor do que seu papel no presente. Diz Lunatcharski:[8]

> O papel da fantasia combinatória não será nem um pouco menor no futuro do que hoje. Muito provavelmente, ela adquirirá o caráter peculiar que combina elementos científicos do experimento com os voos vertiginosos da fantasia intelectual e figurativa.

Se levarmos em consideração o que está dito acima, mais precisamente, que a imaginação é o impulso para a criação, poderemos concordar com o postulado de Ribot que reforça seu próprio estudo:

"A imaginação criadora penetra com sua criação a vida pessoal e social, especulativa e prática em todas as suas formas; ela é onipresente."

---

[8] Anatoli Vassilievitch Lunatcharski (1875-1933) – intelectual russo e soviético, crítico literário. Primeiro Comissário do Povo para a Instrução Pública, na jovem República Soviética. (N. da T.)

A CRIAÇÃO LITERÁRIA
NA IDADE ESCOLAR

De todas as formas de criação, a literária e verbal é a mais característica da idade escolar. É bem conhecido que, na primeira infância, todas as crianças passam por vários estágios do desenho. Desenhar é exatamente a criação típica da primeira infância, principalmente do período pré-escolar. Nessa época, as crianças desenham com vontade; às vezes, sem ser estimuladas por adultos e, às vezes, basta um pequeno estímulo para que comecem a desenhar.

As observações demonstraram que todas as crianças desenham e os estágios pelos quais passa o seu desenho são mais ou menos comuns às que têm a mesma idade. Nessa época, o desenho é a atividade preferida. No início da idade escolar, o gosto e o interesse pelo desenhar começam a enfraquecer. Em muitas crianças, talvez até mesmo na maioria, a atração espontânea pelo desenho desaparece por completo. Somente em algumas crianças talentosas conserva-se essa atração e também nos grupos em que as condições de educação em casa ou na escola impulsionam essas atividades de desenhar e estimulam o seu desenvolvimento. É provável que exista alguma relação interna entre a personalidade da criança nessa idade e seu gosto pelo desenhar. Possivelmente, as suas forças criativas não se concentram por acaso no desenho, mas porque é o desenhar que, nessa idade, oferece-lhe a possibilidade de expressar com mais facilidade aquilo que a domina. Com a passagem para outra fase de desenvolvimento, a criança ascende para um estágio etário superior; ela modifica-se e, junto com isso, também o caráter de sua criação.

O desenho é deixado para trás como uma etapa vivida e seu lugar começa a ser ocupado pela nova criação, verbal ou literária, que predomina, principalmente, no período de amadurecimento sexual do adolescente. Alguns autores supõem até que somente a partir dessa idade é que se pode falar de criação verbal nas crianças, no sentido próprio dessas palavras.

Diz o acadêmico Soloviov:[1]

> A criação verbal, no seu verdadeiro sentido, tem início exatamente com o começo do amadurecimento sexual. Pois, para se criar com a palavra algo próprio, de maneira nova (com um ponto de vista peculiar), que encarne e combine os fatos reais da vida, é necessária uma reserva suficiente de vivências pessoais, é preciso a própria experiência de vida, a habilidade de analisar as relações entre as pessoas, em diferentes ambientes. No início da idade escolar, a criança ainda não é capaz de fazer isso e, assim, sua criação tem um caráter condicional e, em um certo sentido, ingênuo.

Existe um fato básico que demonstra com firmeza que, antes da criação literária, a criança deve crescer. Somente num estágio bem superior de acúmulo de experiência, somente num estágio superior de domínio da fala, somente num estágio superior de desenvolvimento do mundo pessoal e interno da criança, torna-se acessível a criação literária. Esse fato consiste

---

[1] Ivan Mirrailovitch Soloviov (1902-1986) – psicólogo russo e soviético. (N. da T.)

no atraso do desenvolvimento da fala escrita em relação à fala oral das crianças.

Diz Gaupp:[2]

> Sabemos que a expressão escrita de ideias e de sentimentos pelo escolar é significativamente mais atrasada em comparação à capacidade de expressão oral. Não é fácil explicar esse fato. Quando conversamos com um menino ou uma menina desenvoltos sobre coisas que estão próximas do seu entendimento e interesse, ouvimos deles, normalmente, descrições vívidas e respostas espertas. O bate-papo com as crianças torna-se um prazer inegável. Se pedirmos às mesmas crianças que descrevam livremente, por escrito, o objeto sobre o qual há pouco conversávamos, então, teremos apenas algumas frases pobres. Como se revelam sem sentido, monótonas e sofríveis as cartas de um escolar para o pai ausente e como são vívidos e ricos seus relatos orais para o pai que retorna para casa! Parece que, naquele momento em que a criança pega a pena na mão, seu pensamento freia, como se o trabalho de escrever a assustasse. 'Não faço ideia do que escrever. Nada me vem à cabeça', reclama normalmente a criança. Por isso, sobretudo em relação aos alunos dos anos iniciais, é errado julgar o grau de seu amadurecimento mental ou de sua intelectualidade tendo por base a qualidade de seus textos escolares.

A explicação para essa falta de correspondência entre o desenvolvimento da língua oral e o da escrita consiste, principalmente, na diferenciação da dificuldade de uma ou outra forma de se expressar da criança; quando depara com uma tarefa mais difícil, ela começa a superá-la como se fosse bem mais nova de idade.

Diz Blonski[3]

---

[2] Robert Eugene Gaupp (1870-1953) – psiquiatra e neurologista alemão. (N. da T.)

[3] Pavel Petrovitch Blonski (1884-1941) – psicólogo e pedagogo russo e soviético. (N. da T.)

> Basta tornar mais difícil o trabalho verbal para a criança, apresentar-lhe uma tarefa complexa, ou seja, obrigá-la a falar no papel, que veremos que sua fala escrita parece ser a de uma criança bem mais nova do que sua fala oral: surgem palavras desconexas na frase, aumenta muito o uso do modo imperativo. O mesmo pode ser percebido absolutamente em tudo; quando a criança executa um trabalho mental difícil, volta a manifestar todas as especificidades de uma idade menor da que realmente tem. Mostramos a uma criança de 7 anos um quadro com o conteúdo adequado à sua idade e pedimos que narrasse o que via. Ela narrou como uma criança de 7 anos, ou seja, disse quem fazia o quê no quadro. Porém, bastou mostrar-lhe um quadro mais complexo e ela passou a narrar como uma criança de 3 anos, ou seja, enumerando de forma desconexa os objetos do quadro.

O mesmo ocorre quando a criança passa da fala oral para a escrita. A fala escrita apresenta grandes dificuldades por possuir leis próprias que se diferenciam parcialmente das leis da fala oral e ainda são pouco acessíveis para a criança.

Com muita frequência, na passagem para a fala escrita, as dificuldades da criança são explicadas por motivos internos mais profundos. A fala oral é sempre compreensível para a criança; ela surge na convivência direta com outras pessoas; é uma reação perfeitamente natural; é a resposta da criança ao que, à sua volta, influencia-a e sensibiliza-a. Ao passar para a fala escrita, que é bem mais abstrata e condicional, a criança frequentemente não entende para que precisa escrever. Está ausente nela a necessidade interna da escrita.

Isso acontece acima de tudo nos casos em que a criança escreve sobre temas dados pela escola. Na velha escola, o desenvolvimento da criação literária dos alunos caminhava, principalmente, na seguinte direção: o professor apresentava o tema da composição e as crianças viam-se diante da tarefa de escrevê-la, aproximando a sua fala o mais possível da fala literária dos adultos ou do estilo dos livros que leram. Esses temas permaneciam estranhos à compreensão dos alunos, não tocavam sua imaginação, nem seus sentimentos. Não eram mostrados às crianças exemplos de como se deveria escrever. Muito raramente, o próprio trabalho relacionava-se a algum objetivo compreensível, próximo e acessível a elas. Ao direcionarem de maneira equivocada a criação literária infantil, esses pedagogos[4] frequentemente aniquilavam a beleza espontânea, a especificidade e a clareza da linguagem infantil, dificultavam o domínio da fala escrita como um meio especial de expressar os pensamentos e sentimentos das crianças e, segundo Blonski, formavam nelas o jargão escolar que surgia da aplicação pura e mecânica da língua livresca dos adultos.

Tolstoi afirma que:

> Ao ensinar a língua, a principal arte do professor e, em função desse objetivo, o principal exercício para orientar as crianças nas composições está na apresentação de temas, mas nem tanto na apresentação quanto em proporcionar maior possibilidade de escolha, em indicar o tamanho do texto, em demonstrar os primeiros procedimentos. Muitos alunos inteligentes e talentosos escreviam bobagens como: 'o incêndio inflamava-se, começaram a trazer, eu saí à rua', e nada fluía, mesmo que o roteiro da composição fosse rico e o que era descrito tivesse deixado uma impressão forte na criança. Eles não compreendiam o mais importante: para que escrever e o que há de bom em escrever? Não entendiam a arte, a beleza da expressão da vida na palavra e o fascínio dessa arte.

Por isso, o desenvolvimento da criação literária infantil torna-se de imediato bem mais fácil e bem-sucedido quando se estimula a criança a escrever sobre um tema que para ela é internamente compreensível e inquietante e, o mais importante,

---

[4] Na Rússia, é comum chamar o professor de pedagogo. (N. da T.)

que a incentiva a expressar em palavras seu mundo interior. Muitas vezes a criança escreve mal porque não tem sobre o que escrever.

Segundo Blonski,

> deve-se ensinar a criança a escrever somente sobre o que ela conhece bem, sobre algo em que pensou muito e profundamente. Não há nada mais nocivo do que lhe apresentar temas sobre os quais nunca pensou e sobre os quais tem muito pouco a dizer. Isso significa educar um escritor superficial e sem conteúdo. Para educar um escritor na criança deve-se desenvolver nela um forte interesse pela vida à sua volta. Ela escreve melhor sobre o que lhe interessa, principalmente se compreendeu bem o assunto. Deve-se ensiná-la a escrever sobre o que lhe interessa fortemente e sobre algo em que pensou muito e profundamente, sobre o que conhece bem e compreendeu. Deve-se ensinar a criança a não escrever sobre o que não sabe, o que não compreendeu e o que não lhe interessa. No entanto, com frequência, os professores fazem exatamente o contrário e com isso aniquilam o escritor na criança.

Por isso, Blonski aconselha a escolher os tipos mais adequados de obras literárias para as crianças, mais precisamente, bilhetes, cartas e pequenos contos.

> Se a escola quer ser pedológica, então, deve dar espaço a esse tipo de obra literária. Aliás, as cartas (íntimas ou de negócios) são as obras literárias mais difundidas entre as pessoas. É claro que manter a relação com alguém distante é o estímulo para escrever cartas. Assim, a educação social educa também a criança-escritora: quanto mais amplo o círculo de pessoas com as quais se relaciona e quanto mais íntima for sua relação, mais estímulos ela terá para escrever cartas. As cartas dirigidas a pessoas que não existem e sem nenhum objetivo real são artificiais e falsas.

Consequentemente, a tarefa consiste em criar na criança a necessidade de escrever e ajudá-la a dominar os meios da escrita. Uma experiência maravilhosa de despertar a criação literária infantil em crianças camponesas foi descrita por Tolstoi, com base em sua experiência pessoal. Em seu artigo *As crianças camponesas devem aprender a escrever conosco ou nós devemos aprender com elas?*,[5] esse grande escritor chegou a uma conclusão, à primeira vista, um tanto paradoxal, a saber, que cabe exatamente a nós, adultos, e até mesmo ao grande escritor – que ele próprio era – aprender a escrever com as crianças camponesas e não o contrário. Essa experiência de despertar a criação literária nas crianças camponesas demonstra claramente como transcorre o processo de criação literária na criança, como ele nasce, flui e que papel pode ter o pedagogo que deseja ajudar no desenvolvimento correto desse processo. A essência da descoberta de Tolstoi é que ele percebeu, na criação infantil, traços que são inerentes a essa idade e compreendeu que a verdadeira tarefa da educação não é a de infligir prematuramente a língua adulta, mas a de ajudar a criança a elaborar e formar uma língua literária própria. Tolstoi pediu a seus alunos uma composição com o seguinte provérbio: "Com a colher dá-se de comer, com o cabo ferem-se os olhos".

> Imagine, disse eu, que um mujique acolheu em sua casa um homem pobre e, depois, começou a criticá-lo. É por isso que se diz: 'Com a colher dá-se de comer, com o cabo ferem-se os olhos'.

De início, as crianças recusaram-se a escrever, pensando que não fossem capazes. Então, Tolstoi começou a escrever. Escreveu a primeira página. "Toda pessoa sensata", diz ele,

> que possui um sentimento artístico e popular, ao ler a primeira página, escrita por mim, e as páginas seguintes da composição, escritas pelos alunos, saberá distinguir essa página das outras, assim como uma mosca no leite: ela é muito falsa, artificial e foi escrita em linguagem medíocre...

---

[5] Esse texto encontra-se no livro de L. Tolstoi *Obras pedagógicas*. Moscou: Edições Progresso, 1988. Tradução de J. M. Milhazes Pinto (p. 191-208). (N. da T.)

IMAGINAÇÃO E CRIAÇÃO NA INFÂNCIA

> Parecia-me tão estranho que um menino camponês semianal-fabeto revelasse, de repente, uma força consciente de artista tal que até mesmo Goethe, em toda sua incomensurável magnitude, não atingira. Parecia-me estranho e humilhante que eu, o autor de *Infância*, que obtivera certo sucesso e reconhecimento do público russo culto pelo talento artístico; que eu, em relação à arte, não só não pudesse instruir ou ajudar Siomka e Fedka, de onze anos, mas apenas estivesse em condições de acompanhá-los e compreendê-los a duras penas, num minuto feliz de excitação. Isso me parecia tão estranho que eu não acreditava no que tinha ocorrido no dia anterior.

Como Tolstoi conseguiu despertar nas crianças esse modo difícil e complexo de se expressar, uma vez que, antes, elas nada sabiam sobre criação literária? Essa arte teve início nas crianças coletivamente. Tolstoi contava-lhes e elas sopravam para ele:

> Um disse que o velho seria um feiticeiro; outro disse que não, que ele seria simplesmente um soldado; não, melhor, que seria um ladrão; não, isso não estaria de acordo com o provérbio etc.,

disseram os meninos. Todas as crianças participaram da composição. O processo de compor interessou-as e atraiu--as e isso foi o primeiro impulso para um trabalho criativo e inspirado. "Nesse momento", diz Tolstoi, "pelo visto, pela primeira vez, eles sentiram a beleza de registrar os detalhes com palavras artísticas". As crianças compunham, criavam as figuras dos personagens, descreviam a aparência deles, uma série de detalhes, alguns episódios e tudo era fixado numa determinada forma verbal precisa. "Os olhos dele brilhavam quase com lágrimas", relata Tolstoi sobre um dos meninos que participou da composição,

> suas mãos negras e magras contraíam-se compulsivamente; ele irritava-se comigo e apressava-me: escreveu, escreveu?, perguntava-me a todo instante. Falava com os outros de maneira

irritada e despoticamente; queria ser o único a falar e desejava falar não do modo como se narra, mas do modo como se escreve, ou seja, registrar de forma artística com palavras as imagens e os sentimentos; ele não permitia, por exemplo, trocar as palavras de lugar. Dizia: 'Tenho feridas nos pés' e não permitia dizer: 'Nos pés, tenho feridas'. Nesse último exemplo, vemos como era forte o sentimento da forma verbal nessa criança, que pela primeira vez aproximou-se da arte literária.

A mudança na ordem das palavras, a sua ordem na língua artística, equivale à melodia na música ou ao desenho na tela. O sentimento desse desenho verbal, os detalhes plásticos, o sentimento de medida, tudo isso, segundo Tolstoi, estava expresso na criança no mais alto grau. A criança brincava quando compunha: quando pronunciava a fala dos personagens, dizia "com voz cansada e calma, em tom comumente sério e benevolente, com a cabeça sobre as mãos, de tal forma que os outros meninos caíam na gargalhada". Essa verdadeira colaboração com o escritor adulto era sentida e compreendida pelas crianças como um trabalho realmente conjunto, no qual elas se sentiam participantes com direitos iguais aos dos adultos. "Vamos publicar também?", perguntou um menino a Tolstoi. "Precisamos publicar: composição de Makarov, Morozov e Tolstoi." Assim era a relação da criança com a autoria dessa obra conjunta.

"Não havia como se equivocar", diz Tolstoi, "não era um acaso, mas uma criação consciente. [...] Jamais encontrei na literatura russa algo semelhante a essas páginas..."

Com base em sua experiência, Tolstoi fez a seguinte proposta: segundo ele, para formar nas crianças a criação literária é preciso dar-lhes somente estímulo e material para a criação.

De minha parte a criança necessita apenas o material para se enriquecer harmônica e multilateralmente. Assim que lhe dei total liberdade e parei de ensiná-la, ela escreveu uma obra poética sem igual na literatura russa. Por isso, estou convicto de que não podemos ensinar as crianças, em geral, e as crianças camponesas, em particular, a escrever e a compor, sobretudo compor poeticamente. Tudo que podemos fazer é ensiná-las a começar a compor.

Se o que eu fiz até atingir esse objetivo pode-se denominar de procedimento, então os procedimentos foram os seguintes. Primeiro: oferecer a maior variedade de temas para escolha, sem inventá-los especialmente para as crianças, mas propor temas sérios que interessem ao próprio professor. Segundo: oferecer às crianças a leitura de composições infantis, apresentando somente elas como exemplos. Terceiro (muito importante): ao analisar as composições infantis, nunca fazer observações sobre o capricho dos cadernos, nem da caligrafia, nem da ortografia e, principalmente, da construção das frases e de sua lógica. Quarto: uma vez que, na composição, a dificuldade não está no tamanho ou no conteúdo, mas no caráter artístico do tema, então, a gradação dos temas não deve estar no tamanho, nem no conteúdo ou na linguagem, mas no mecanismo do trabalho...

No entanto, por mais instrutiva que seja a experiência de Tolstoi, sua interpretação foi influenciada por uma idealização da infância e pela sua relação negativa com a cultura e com a criação artística que, no último período de sua vida, marcaram sua doutrina religiosa e moral. De acordo com a teoria reacionária de Tolstoi:

O nosso ideal está atrás e não à frente. A educação estraga as pessoas, em vez de corrigi-las; não se pode ensinar e educar a criança pela simples razão de que ela está mais próxima do que eu, mais próxima do que qualquer adulto, do ideal da harmonia, da verdade, da beleza e da bondade, ao qual eu, em meu orgulho, quero elevá-la. A consciência desse ideal é mais forte nela do que em mim.

Isso é um eco da teoria de Rousseau na ciência. "O homem nasce perfeito". Eis a grandiosa frase dita por Rousseau, que permanece resistente e verdadeira como uma pedra. "Ao nascer, o homem é o protótipo da harmonia, da verdade, da beleza e da bondade."

Nessa visão equivocada sobre a perfeição da natureza da criança está contido o segundo erro que comete Tolstoi a respeito da educação. Se a perfeição não está à frente, mas atrás, então, é inteiramente lógico negar qualquer significado, sentido e possibilidade de educação. Portanto, basta negar a primeira afirmação, não comprovada por fatos, que fica claro que a educação em geral e a educação da criação literária para as crianças, em particular, revela-se não só possível, mas inevitável. É fácil perceber até mesmo na nossa interpretação que o que Tolstoi fez com as crianças camponesas não pode ser denominado de outra maneira que não educação da criação literária. Ele despertou nelas uma forma de expressão de sua experiência e de sua relação com o mundo que lhes era completamente desconhecida. Junto com as crianças, ele construiu, compôs, combinou, contagiou-as com sua preocupação, forneceu-lhes um tema, ou seja, guiou, de um modo geral, todo o processo de criação das crianças, mostrou-lhes procedimentos de criação etc. E é isso que é educação, no sentido preciso dessa palavra.

Educação, entendida correta e cientificamente, não significa infundir de maneira artificial, de fora, ideais, sentimentos e ânimos totalmente estranhos às crianças. A educação correta consiste em despertar na criança aquilo que existe nela, ajudar que isso se desenvolva e orientar esse desenvolvimento para algum lado. Tolstoi conta que fez tudo isso com as crianças. Para nós, agora, é importante não a teoria geral da educação de Tolstoi; interessa-nos, nesse momento, a maravilhosa descrição do despertar da criação literária que nos apresenta nessas páginas.

Na criação de crianças abandonadas, pode-se observar de uma forma melhor que as crianças escrevem com vontade

IMAGINAÇÃO E CRIAÇÃO NA INFÂNCIA

exatamente quando surge a necessidade de escrever. Nelas, a criação verbal adquire, em parte, a forma de canções entoadas que refletem todas as esferas da sua vida. Em sua maioria, são canções tristes e profundamente melancólicas. "Desde o cocheiro até o poeta maior, cantamos com tristeza", dizia Puchkin. Nas canções das crianças abandonadas, reflete-se todo o lado obscuro e difícil de sua vida. A prisão, a morte prematura ou a doença, a orfandade, o abandono, o desamparo – esses são os principais motivos da canção. Surge, também, outra nota – a nota da valentia, da fanfarrice, da idolatria a seus atos:

> Chegou a noitezinha escura,
> E com uma goiva nas mãos
> Numa bela casa eu entrei
> E, num instante, a janela arranquei...

entoa, em sua canção sobre si mesma, uma criança abandonada. Nisso também se ouve uma resposta natural ao infinito peso da vida e o repúdio justo, compreensível e obstinado ao seu destino.

> Houve um tempo, queria mão de ajuda
> procurar,
> Agora a alma já endureceu e resolvi roubar.
> Então, cuspam em mim, atirem-me pedras, estou acostumado
> a tudo, tudo suportarei,
> Não espero compaixão, ninguém se importa
> comigo.

Há alguns anos, foi feita uma investida muito interessante de recolher relatos de crianças abandonadas sobre si mesmas. Anna Grinberg[6] reuniu 70 relatos escritos por crianças abandonadas entre 14 e 15 anos.

---

[6] Anna Grinberg (1882 - ?) – educadora, trabalhou no Instituto *Pokrovski* de Moscou nos anos de 1922 e 1923. Seu livro *Besprizornie o sebe* (*Relatos de*

"Todos escreviam com um interesse sério sobre sua própria vida", conta a organizadora desse livro.

Acontecia de as crianças pouco letradas e analfabetas, apesar de todos os obstáculos, alcançarem as mesas, o papel, as poucas canetas e brigarem por um lugar e uma pena e, depois de fazerem o sinal da cruz, desenharem durante algumas horas com devoção e cuidado, delineando e indagando os vizinhos, reescrevendo e confrontando com os trechos das páginas impressas do livro estraçalhado, aberto ao acaso. Nesses relatos, com exceção daqueles em que as crianças não quiseram revelar-se por completo, permanecendo fechadas e insinceras, percebe-se a influência do traço principal de todas as criações desse tipo. Algo doloroso acumulou-se dentro e pede para sair, exige a sua expressão, quer ser registrado na palavra. Quando a criança tem sobre o que escrever, escreve com toda a seriedade.

'Esse é o fim da minha escrita', escreveu uma das meninas, 'poderia ter escrito diferente, isso é apenas um terço do que vivenciei. Minha vida, lembrarei de você por muito tempo!'

Nesses relatos, se levarmos em consideração não a semelhança externa, mas a interna, encontraremos quase os mesmos traços da criação literária infantil destacados por Tolstoi. Externamente, por seu conteúdo e linguagem, os relatos diferenciam-se de forma profunda dos contos de Fedka e Siomka, assim como distinguem-se da época, do meio em que viveram e cresceram e da experiência de vida dessas crianças. Mas a autêntica seriedade da linguagem que empregam – e que atesta a real necessidade

---

crianças abandonadas, Moscou, 1925) contém descrições das vidas de, aproximadamente, setenta *besprizornie* [crianças abandonadas]. "Durante a Primeira Guerra Mundial, a maioria dessas crianças foi evacuada da Rússia ocidental para regiões orientais (em geral, para a província de Tcheliabinsk, embora certo número tenha sido encaminhado para Samara). Algumas delas perderam seus pais durante o processo de evacuação, mas muitas outras viveram por alguns anos com pelo menos um dos pais, nas regiões para onde foram levadas, até que a fome dizimasse suas famílias, deixando-as sós." (N. da T.)

IMAGINAÇÃO E CRIAÇÃO NA INFÂNCIA

de se expressarem em palavras –, a clareza e a peculiaridade da linguagem dessas crianças – tão diferente da linguagem literária estereotipada dos adultos –, a emoção verdadeira e a imagem concreta dos relatos lembram os mesmos traços dos contos das crianças camponesas apresentados por Tolstoi. Em sua biografia, uma das crianças fez um comentário que transmite muito bem o sentimento profundo e a verdadeira concretude da vivência ligada à criação literária: "As recordações e a tristeza pela terra natal, na região de Vologodskaia, aldeia Vimsk, no bosque próximo ao rio".

É muito fácil compreender a relação que existe entre o desenvolvimento da criação literária e a idade de transição. O fato principal dessa idade é o amadurecimento sexual. Com base nesse fato central, graças ao qual, na vida da criança, tal idade torna-se crítica, podem ser explicadas todas as outras especificidades relacionadas a ela. Um fator novo e poderoso irrompe na vida da criança em forma de amadurecimento sexual, de instinto sexual. O estável equilíbrio anterior, conseguido no início da idade escolar, rompe-se e um novo equilíbrio ainda não foi encontrado. Esse equilíbrio rompido e as buscas de um novo compõem a base da crise vivenciada pela criança nessa idade. Mas em que consiste essa crise?

A resposta à pergunta até hoje não foi dada pela ciência com precisão definitiva. Uns veem a natureza dessa crise na astenia, no enfraquecimento da constituição e do comportamento da criança, que surge nesse período crítico. Outros, ao contrário, supõem que na base da crise encontra-se um aumento potente de vitalidade que abrange todos os âmbitos do desenvolvimento da criança e que a própria crise da idade é somente uma consequência dessa força criadora. Sabemos que nessa idade o adolescente cresce rapidamente; de modo acelerado, seu corpo aproxima-se do tamanho e da constituição do corpo adulto.

Esse crescimento geral influencia também o comportamento e a vida interior do adolescente.

Nessa idade, abre-se um mundo inteiro de vivências internas, de impulsos, de anseios; a vida interior fica infinitamente mais complexa em comparação à idade precedente. As relações com o meio e com as pessoas tornam-se bem mais complexas; as impressões que chegam do mundo externo são submetidas a um tratamento mais profundo. Existe um traço do comportamento do adolescente que salta aos olhos e tem uma relação direta com o despertar da criação literária nessa época – é a emotividade aguçada, a excitabilidade elevada do sentimento, no período de transição. Normalmente, quando flui em condições habituais, sem alteração, o comportamento humano não é matizado, de modo notável, de um sentimento forte e claro. Em geral, estamos tranquilos ou indiferentes quando realizamos ações numa situação comum; porém, assim que o equilíbrio do comportamento é rompido, no mesmo instante, surge uma reação viva e vigorosa dos sentimentos. A emoção, ou inquietação, emerge cada vez que o equilíbrio com o meio é perturbado.

Se essa perturbação resultar no nosso fortalecimento, numa relativa superação das dificuldades diante das quais nos encontramos, então, surge uma emoção positiva – alegria, orgulho etc. Ao contrário, caso o equilíbrio rompa-se não a nosso favor, caso as circunstâncias sejam mais fortes do que nós e sintamo-nos dominados por elas, reconhecendo nossa insegurança, fraqueza, fragilidade e humilhação, então, aparece uma emoção negativa – a raiva, o medo, a tristeza. Por isso, é perfeitamente compreensível que as épocas críticas na vida do ser humano, as épocas de crise e de reestruturação interna da personalidade sejam especialmente ricas de reações emocionais ou de vida do sentimento. O segundo momento da idade escolar – época do amadurecimento sexual – corresponde exatamente a essa ruptura, a essa crise interna do desenvolvimento da criança. Por isso, ela caracteriza-se pelo acirramento e aumento da impulsividade do sentimento: nessa idade, o equilíbrio entre a criança e o meio circundante, como já dissemos, é perturbado, graças ao surgimento de um novo fator que não era suficientemente percebido antes.

Daí decorre a impulsividade emocional elevada desse período e, até certo ponto, fica claro também o fato de a criança, quando essa idade se aproxima, trocar o desenho – a forma preferida de criação na idade pré-escolar – pela criação escrita. Com muito mais facilidade do que o desenho, a palavra permite transmitir relações complexas, principalmente as de caráter interno. Além disso, em relação à atividade externa, a palavra transmite com mais facilidade o movimento, a dinâmica, a complexidade de algum acontecimento, em comparação ao desenho imperfeito e inseguro da criança. Eis por que o desenho infantil, que corresponde plenamente ao estágio da relação simples, incomplexa, entre a criança e o mundo que a cerca, é substituído pela palavra como meio de expressão, que corresponde de modo mais profundo e complicado a uma relação interna com a vida, consigo mesma e com o mundo circundante. Surge, assim, a questão principal: como relacionar-se com essa emoção à flor da pele, na idade de transição? Como avaliá-la: é um fato positivo ou negativo? Será que ela revela algo doentio que leva as crianças, impreterivelmente, ao isolamento, à introspecção, ao espírito sonhador, à fuga da realidade – o que é muito observado nessa idade – ou, de outro modo, essa emoção pode ser uma forma positiva de enriquecer e fecundar infinitamente a relação entre a criança e o mundo à sua volta? Nada de grandioso é feito na vida sem um grande sentimento.

Diz Pistrak:[7]

A educação artística não dá conhecimento nem habilidade, mas muito mais o tom da vida ou, provavelmente, seria mais correto dizer o pano de fundo da vitalidade. As convicções que podemos proporcionar na escola por meio de saberes se enraizarão na vida psíquica da criança somente quando forem emocionalmente fortalecidas. Não é possível ser um lutador convicto se no momento da luta não houver no cérebro cenas claras e vivas que incitem a ela; não é possível lutar contra o velho se não se souber odiá-lo; saber odiar é emoção. Não é possível construir com entusiasmo o novo se não se souber amar entusiasticamente o novo, pois o entusiasmo apenas resulta de uma educação artística correta.

Antes da guerra, Giese[8] realizou um estudo sobre a criação literária de crianças de diferentes idades. Ele teve à sua disposição mais de 3 mil trabalhos, sendo que a idade dos autores variava entre 5 e 20 anos. O estudo foi realizado na Alemanha, antes da guerra, e por isso os resultados não podem ser transpostos para cá, pois o ânimo, os interesses e os demais fatores dos quais depende a criação literária, em nosso país e em nossa época, diferenciam-se, essencialmente, daqueles com os quais Giese lidou em seu estudo. Além disso, como o estudo foi um levantamento realizado em grande escala, limitou-se apenas à contagem geral e superficial de relatos e versos infantis para evidenciar o ânimo predominante e a forma literária em diferentes idades. Entretanto, seus dados podem ter para nós um interesse importante como uma primeira tentativa de análise em larga escala da criação literária infantil, como dados que refletem alguns traços peculiares à idade, que, de uma ou de

---

[7] Moissei Mikhailovitch Pistrak (1888-1937) – pedagogo russo e soviético. (N. da T.)

[8] Fritz Giese (1890-1935) – psicólogo e psicotécnico alemão. (N. da T.)

outra forma e sob certas condições, podem manifestar-se também em nossas crianças.

Finalmente, esses dados não estão distantes do nosso interesse porque apresentam material para comparação com os nossos próprios. Os que o autor apresenta demonstram como os temas principais variam, entre meninas e meninos, na poesia e na prosa, dependendo da idade. O que foi vivido pessoalmente pelos meninos e pelas meninas refletia-se pouco na poesia; na prosa, ao contrário, os temas ligados ao vivenciado pessoalmente ocuparam um lugar de destaque, sobretudo em comparação com os menores de 14 a 15 anos. Nessas duas idades, entre os meninos, o coeficiente de temas de vivências próprias eleva-se de 23,1 até 53,4; nas meninas, de 18,2 até 45,5, ou seja, aumenta mais que o dobro, ao mesmo tempo em que o coeficiente desses temas na poesia, para os meninos e as meninas entre 16 e 17 anos, é igual a zero. O coeficiente relativamente alto de temas de vivências particulares numa idade menor explica-se pelo fato de Giese ter incluído todos os tipos de pequenos acontecimentos do dia a dia, do cotidiano, como incêndio, viagem para os arredores, visita ao museu. Somente 2,6, na prosa, e 2,2, na poesia, relacionavam-se aos acontecimentos escolares – é nesse nível insignificante que as vivências escolares tocavam o mundo pessoal das crianças. Ao contrário, o tema erótico aparecia mais fortemente na poesia do que na prosa; os motivos eróticos estavam presentes na criação de meninas antes do que na dos meninos: aos 12 ou 13 anos. Enquanto o coeficiente desse tema nos meninos era igual a zero, nas meninas ele expressava-se com um número igual a 36,3; entre 14 e 15 anos, após cair, volta a crescer entre 16 e 17 anos e, novamente, mais significativamente nas meninas do que nos meninos.

Giese destaca: "O mundo dos contos de fadas é pura poesia feminina; os meninos ignoram-no".

É muito interessante a insignificante presença de motivos sociais na poesia e na prosa dos autores alemães. Na poesia, em quase todas as etapas etárias, essa presença é igual a zero; na prosa, expressa-se em coeficientes muito insignificantes, chegando a 13,8 para as meninas, entre 12 e 13 anos (no máximo). Chama a atenção o crescimento do coeficiente dos temas filosóficos na poesia, o que sem dúvida está relacionado ao despertar do pensamento abstrato e do interesse por questões abstratas nessa idade. Por fim, o tema da natureza aparece com coeficientes altos na poesia e na prosa tanto dos meninos quanto das meninas. As meninas de 9 anos dedicaram a maior parte de suas obras exatamente a esse tema. Quanto aos meninos, na idade de 12 e 13 anos, a metade de todos os temas sobre os quais escreveram era dedicada também à natureza. As crianças alemãs apresentaram um coeficiente alto de temas religiosos, sobretudo as meninas. No entanto, aos 16 anos, esse tema cai.

São também interessantes os dados que comparam os temas e o estado de espírito na criação escolar e na criação livre das crianças. Constatamos que os mesmos temas são distribuídos de um modo terrivelmente desproporcional em um e em outro tipo de criação infantil: por exemplo, o tema épico, que na idade escolar aparece com um enorme coeficiente equivalente a 54,6, na criação livre apresenta-se com um número tímido igual a 2,4. Ao contrário, o erotismo e a filosofia, que na poesia escolar equivalem a três, na criação livre aparecem com 18,2 e 29. O mundo dos contos de fadas apresenta-se 15 vezes menos nas redações feitas em casa do que nas escritas na escola. Por último, os outros temas têm coeficiente zero na poesia escolar e 28,1 na poesia feita em casa. Da mesma forma, não coincide o estado de espírito revelado pelas crianças nesses dois tipos de criação. Assim, por exemplo, nas redações escolares, a tristeza e a seriedade manifestam-se com um índice cinco vezes maior do que nas feitas em casa. Essa comparação tem um significado importante, pois indica em que medida a criação infantil é estimulada e alterada graças às influências externas e que aparência singular adquire quando é livre.

A descrição a seguir apresenta dados sobre o estado de espírito predominante nas redações que Giese analisou. É fácil perceber que o ânimo triste e sombrio é encontrado muito raramente na criação literária infantil e o ânimo alegre apresenta números bem mais altos. Assim, se na poesia dos meninos os dois ânimos ocorrem com números próximos – 5,9 e 5,2 –, nas meninas o ânimo alegre é encontrado 33,4 e o sombrio somente 1,1; na prosa dos meninos, o ânimo alegre predomina 10 vezes mais em relação ao triste, e na das meninas fica perto disso. Chama a atenção o percentual insignificante do estado de espírito aventureiro, que, pelo visto, deve estar relacionado à dificuldade desse gênero na criação infantil; também são insignificantes a disposição cômica e a crítica, o que, sem dúvida, está relacionado com o percentual insignificante dos temas satíricos. No entanto, deve-se destacar que, na criação infantil, o ânimo predominante é um fato muito facilmente alterado e por isso deve-se olhar para os dados apresentados apenas como algo que nos orienta nessa questão.

É impossível não desejar que a criação literária infantil, em nosso país, fosse submetida a um estudo semelhante que esclarecesse os temas e os ânimos predominantes nas redações das crianças. Os dados seguintes caracterizam as formas literárias quase sempre encontradas na criação infantil.

Com maior frequência, como seria de esperar, está a resenha ou resumo, ou seja, um comunicado objetivo; em segundo lugar, aparece a narrativa e, em terceiro, o conto de fadas. É extremamente baixo o percentual de obras dramáticas (0,1) e de cartas (1,9). Esse último dado decerto explica-se, do ponto de vista psicológico, pelo fato de essa forma natural de criação infantil ser a menos cultivada na educação tradicional das crianças. Interessam-nos também os dados relativos à forma gramatical e à extensão das redações infantis. Com a idade, aumenta o volume de obras das crianças. Como demonstra a planilha de cálculos do número médio de palavras na poesia e na prosa dos meninos e das meninas, em diferentes idades, sem dúvida esse aumento aparente depende diretamente do conteúdo das obras literárias. Chneerson[9] estudou a criação infantil e concluiu que o drama e os versos não são uma forma natural de criação infantil. Na sua opinião, se essas formas aparecem, isso deve-se, basicamente, à influência de condições externas. Ao contrário, segundo ele, a prosa é um fenômeno de criação peculiar à criança. Os dados de Vartiorov[10] sobre a mesma questão são os seguintes: 57% de todas as crianças estudadas por ele criavam em verso; em prosa, somente 31% e, em forma dramática, 12%. Sabe-se o quanto a linguagem infantil é um indicador importante da maior ou menor riqueza das formas gramaticais encontradas na língua. Há tempos, os psicólogos reconhecem a fala agramatical da criança como uma época muito peculiar no desenvolvimento de sua linguagem.

Na realidade, a ausência de formas gramaticais na fala serve claramente como um indicador de que, no pensamento verbal e na fala designativa da criança, não se estabelece relação entre os objetos e entre os fenômenos, uma vez que as formas gramaticais são, exatamente, os sinais que expressam essa relação. Eis porque a época do surgimento das orações subordinadas

---

[9] Chneerson – infelizmente não encontramos informações a respeito desse autor citado por L. S. Vigotski. (N. da T.)

[10] Vassili Porfirievitch Vartiorov (1853-1924) – pedagogo e cientista russo. (N. da T.)

na fala inaugura, segundo Stern,[11] a quarta e a mais avançada fase do desenvolvimento da fala infantil, visto que a presença da oração subordinada revela que a criança dominou relações muito complexas entre diferentes fenômenos. Vartiorov ocupou-se da análise desse aspecto da fala infantil e chegou aos seguintes resultados. A análise que realizou mostra as alterações na utilização dos casos[12] em duas faixas etárias: de 4 a 8 e de 9 a doze anos e meio. Pelo resumo de sua análise pode-se verificar que com o desenvolvimento da criança aumenta a utilização dos casos secundários,[13] o que é uma clara comprovação de que a criança passou para o estágio de compreensão das relações que estão contidas na forma gramatical dos casos secundários. O mesmo revela a análise da fala da criança quando são examinadas as unidades gramaticais que ela utiliza.

Os dados também mostram que aumenta a utilização pela criança de definições, complementos, circunstâncias de tempo etc. Vartiorov diz:

> O desenvolvimento mental da criança caracteriza-se não só pela quantidade e pela qualidade das imagens, mas pela maior quantidade e melhor qualidade dos nexos entre as imagens. Quanto mais desenvolvida a criança, mais imagens e ideias ela tem capacidade de unir num todo interligado. O tempo presente e, principalmente, o futuro são usados pelas crianças pequenas com maior frequência do que pelas maiores. A utilização do tempo passado aumenta com a idade. Quanto mais nova a

---

[11] William Stern (1871-1938) – estudioso alemão da psicologia, criador da tendência denominada de personalismo crítico; também realizou estudos sobre psicologia diferencial e do desenvolvimento. (N. da T.)

[12] O idioma russo tem seis casos de declinação: nominativo, genitivo, dativo, acusativo, instrumental e prepositivo (N. da T.)

[13] Qualquer um dos casos mencionados na nota anterior que não seja o nominativo. (N. da T.)

criança, pelo visto, mais ela vive na esfera do esperado, previsto e desejado, assim como na da vivência imediata. [...] Porém, quanto maior a criança, com mais e mais frequência ela volta ao que vivenciou. Assim, estamos diante de um fenômeno contrário: uma parcela menor de expressões verbais diz respeito ao futuro e ao presente em relação à parcela referente ao passado.

Os pesquisadores são unânimes ao destacar que crianças menores utilizam frequentemente e em grande quantidade os pronomes pessoais. Shlag[14] diz:

> Se cada palavra fosse pronunciada pela criança de 7 a 8 anos, em média, cinco vezes e meia, os pronomes pessoais da primeira pessoa seriam ditos com frequência cem vezes maior (542 vezes); os pronomes pessoais da segunda pessoa, 25 vezes mais (135 vezes).

Gut[15] destaca que as crianças entre 4 e 6 anos que mais utilizam as frases subordinadas são mais bem-dotadas e mais desenvolvidas. Alguns autores propõem diferenciar três principais épocas no desenvolvimento da criação infantil: o primeiro período é o de criação oral, que se estende, aproximadamente, dos 3 aos 7 anos; o segundo, da escrita, estende-se dos 7 anos à adolescência; e, finalmente, o período literário, que ocupa o final da idade de transição e a época da juventude. Deve-se dizer que, em geral, essa divisão corresponde, sem dúvida, à realidade, uma vez que, como já destacamos, o desenvolvimento da fala oral antecipa-se ao desenvolvimento da fala escrita. No entanto, é extremamente importante destacar que essa predominância da fala oral em relação à escrita conserva-se também até o final do primeiro período da criação verbal oral. Mas mesmo no

---

[14] Shlag – infelizmente, não encontramos informação a respeito deste autor. (N. da T.)

[15] Gut – infelizmente, não encontramos informação a respeito deste autor. (N. da T.)

período seguinte, a criação oral das crianças ainda é mais viva e pitoresca do que a escrita.

A transição para a fala escrita descolore e dificulta, de imediato, a fala das crianças. O pesquisador austríaco Linke[16] concluiu que, ao se comparar a descrição escrita e a narrativa oral da criança, verifica-se que as de 7 anos escrevem tal qual falam as de 2 anos. Ou seja, ao passar para uma forma mais complexa de descrição, que é a escrita, imediatamente, o desenvolvimento da criança declina. É fácil perceber que as composições escritas das crianças camponesas que impressionaram Tolstoi sejam modelos de criação oral delas. Elas relatavam e Tolstoi anotava; em suas anotações, registrava-se toda a beleza da fala oral viva da criança. Nas mesmas narrativas, aparecia também a característica da criação infantil denominada por alguns autores de sincretismo, que se trata do fato de essa criação ainda não ser nitidamente diferenciada em tipos de arte e em formas literárias. Na obra da criança, os elementos da poesia, da prosa e do drama unem-se num todo único.

O processo de criação infantil descrito por Tolstoi é muito próximo, por sua forma, da criação dramática. A criança não só ditava a narrativa, mas imaginava e interpretava o papel das personagens. Nessa união entre a criação oral literária e a criação dramática, como veremos mais adiante, encontra-se uma das formas mais originais e férteis de criação nessa idade.

O professor Soloviov apresenta um exemplo curioso de fala oral. A fala escrita do escolar, diz ele, é

> bem mais pobre e esquemática. Parecem ser duas reações verbais diferentes. A menina camponesa de oito anos e meio, mesmo sabendo escrever, não consegue expressar completamente o seu

---

[16] Linke – infelizmente, não encontramos informação a respeito deste autor. (N. da T.)

pensamento. Eis o que escreveu, na escola, em resposta a uma pergunta sobre o que as crianças gostam de fazer em casa: 'Eu gosto de varrer o chão, quando começo a varrer, muito lixo voa, voa, muito lixo voa, eu fico feliz com o lixo, ele parece brigar'. Essa é a verdadeira fala viva da criança, que transmite muito bem seu estado de excitação emocional.

Busemann[17] dedicou todo um estudo ao esclarecimento acerca de quanto a atividade infantil manifesta-se na criação literária. Ele definiu um coeficiente especial de atividade que expressasse a relação entre as ações e os indícios qualitativos que se encontram nas obras orais e escritas das crianças. Esse coeficiente de atividade mostrou-se mais elevado em meninos de 6 e 8 anos e em meninas de 3 a 9 anos. Na faixa etária de 9 a 17 anos, esse coeficiente foi mais elevado aos 9 e aos 13 anos. A comparação entre a fala oral e a escrita levou Busemann à conclusão mais importante de sua investigação: "A fala oral tende para o estilo mais ativo e a escrita, para o estilo mais qualitativo".

Isso também se confirma pela duração das expressões orais e escritas. A fala oral era bem mais rápida que a escrita: em 4 ou 5 minutos, as crianças diziam algo que precisava de 15 a 20 minutos para ser escrito. Essa delonga da fala escrita não provoca apenas alterações quantitativas, mas também qualitativas, visto que o resultado dessa demora reflete-se num novo estilo e num novo caráter psicológico da criação infantil. A atividade que, na fala oral, está em primeiro lugar, passa para o segundo plano, sendo substituída por um olhar mais detalhado para o objeto da descrição, pela enumeração de suas qualidades, indícios etc.

A atividade da fala infantil é somente o reflexo da atividade geral dessa idade. Alguns autores calcularam a quantidade de

---

[17] A. Busemann (?) – psicólogo alemão dedicado ao estudo da psicologia do adolescente (N. da T.)

imagens de ação nas narrativas infantis. Um exemplo desse cálculo pode ser observado em diferentes planilhas nas quais se apresenta a frequência com que objetos, ações e características do que está sendo descrito são encontrados nas narrativas de crianças de diferentes idades. Os dados demonstram com clareza que as ações são as mais frequentes, seguidas pelos objetos e, por último, as menos frequentes são as características do que está sendo descrito.

É verdade que, aqui, precisamos fazer uma observação relativa à influência que a fala dos adultos ou as imagens literárias têm sobre a fala infantil. Sabe-se em que medida as crianças são contagiadas pela imitação, o que deixa claro que a influência do estilo literário de um livro sobre as crianças frequentemente é tão grande que encobre as verdadeiras especificidades da fala infantil. Assim, o mais puro estilo infantil é o das crianças camponesas abandonadas e daquelas que tiveram a menor influência do estilo dos adultos. Eis alguns exemplos tomados de autobiografias de crianças abandonadas com base nos quais se podem perceber o quanto sua fala escrita está próxima de sua fala oral. Semion Vekchin, 15 anos, relata:

> Eu tinha então 12 anos, meu irmãozinho, 10, e nós sofríamos sem pai e mãe. Cabia a mim, como mais velho, assar o pão sozinho, levantava pela manhã com vontade de dormir mais, porém não: olho-me e começo a trabalhar. Olho para as outras crianças, elas brincam; fico chateado ao ver que os outros companheiros, que têm pai e mãe, são livres, brincam. Assim, eu trabalhei, sofri até 1920.

Outra criança abandonada escreve:

> Antes eu tinha pais. Agora, fiquei sem pais. É ruim sem pais. Eu tinha casa. Tinha cavalo e vaca. Agora, não tenho nada. Restaram em casa três ovelhas, dois porcos, cinco galinhas. Acabou.

Dessa forma, em geral, quanto mais nova a criança, mais a fala reflete as especificidades da fala infantil e difere da fala adulta. Apresentamos como exemplo duas pequenas composições infantis: uma pertence a um menino de 13 anos, filho de operário, e a outra, a um menino de 12 anos, filho de um tanoeiro. A primeira composição relata a chegada da primavera:

> Depois da neve, depois dos dias sombrios de inverno, o sol com raios primaveris espiou pela nossa janelinha. A neve começou a derreter e por toda parte correm riachos. E a bela primavera fica cada vez mais próxima da gente e nos dá alegria aqui. Eis que o mês de maio chegou e a grama apareceu verde e em todos surgiu uma nova alegria.

A outra composição foi escrita sobre o tema "A espera".

> Na colina, na rocha sobre o largo rio Volga, aconchegou-se uma casinha de pescador, negra como o azeviche. As toras apodreceram. O telhado de palha foi levado pelo vento; de lá, soa um choro; lá esperam pelo pescador. O dia finda. Ouve-se o frescor no ar. Uma nuvem levanta-se no horizonte, uma nuvem plúmbea. O vento levantou-se. O Volga começou a rumorejar e o pescador não vem.
>
> Mas eis que apareceu um pontinho; ele cresce. Eis que está próximo da rocha – é o barco, nele está o pescador.[18]

Nessas composições, vê-se com clareza o sincretismo da criação infantil. Nelas, a prosa não é separada dos versos; algumas frases têm uma métrica rigorosa e outras apresentam-se num ritmo livre. São ainda uma forma indiferenciada da narrativa semiprosaica e semipoética, que é muito frequente nessa idade

---

[18] Esses exemplos de criação literária infantil, assim como os outros apresentados por nós, foram tomados, em grande parte, do livro do professor I. M. Soloviov *A criação literária e a linguagem das crianças na idade escolar* (1927) (N. da T.).

da criança. Agora, eis o exemplo da composição puramente em prosa. O autor é um menino de 12 anos, filho de operário.

A maior floresta é a taiga. Os pinheiros esbeltos não deixam que o sol a penetre. Ela é muito grande como o mar; por toda parte, é floresta. Desde o lago Ládoga até os Urais, são 1.500 quilômetros. Se se entrar na floresta, não se consegue sair. É frio no inverno. É tanta neve acumulada que não dá para andar a pé e de carroça, mas no verão é quente como aqui. As crianças colhem cogumelos e frutas silvestres; os moradores têm medo dos animais. Lá tem linces, ursos, lobos, alces etc.

Nesse caso, a tarefa de descrever em prosa a região da floresta ditou à criança a forma prosaica e a estrutura formal do relato. No entanto, os temas que emocionam e inquietam as crianças são transmitidos por elas, frequentemente, por meio de um estilo tranquilo, em prosa. Eis um relato feito por um menino de 12 anos, filho de operário.

Já estava anoitecendo. A debulhadora rangia e ouviam-se vozes de pessoas. Mas logo soou o sino e todos foram para casa. O silêncio era completo. Mas da floresta soou o mugido das vacas e a voz alta do pastor. Quando ele passava em frente à debulhadora, deixou cair uma ponta de cigarro. O fogo ardia em chamas e, no meio da noite, toda a palha pegou fogo. O sino tocou. O povo corria com água para apagar o fogo. As crianças gritavam e choravam. Toda a aldeia estava de pé. Quando o incêndio acabou, todos foram para casa. Todos lamentaram que não teriam mais pão.

Como exemplo de criação literária infantil coletiva pode-se apresentar a narrativa que figurou na exposição do Instituto de Métodos do Trabalho Escolar, em 1925/1926. Essa obra é de alunos com idade entre 12 e 15 anos da quinta turma de uma das escolas de Moscou. No total, são sete autores; deles, seis são meninas e um é menino. Coube a ele o plano geral e a redação de toda a obra. Essa composição – "História do vagão número 1234, contada por ele mesmo" – surgiu por iniciativa das próprias crianças quando estudavam o sistema de produção.

Todos os traços básicos da criação literária infantil refletiram-se nessa obra coletiva das crianças: a fantasia combinatória, que atribui ao próprio vagão e ao material do qual foi feito, sentimentos e vivências humanas; a abordagem emocional, que obrigou as crianças não apenas a entender e imaginar a história do vagão, mas também a vivenciá-la, transportando-a para a linguagem dos sentimentos; e o desejo de encarnar essa construção emocional e artística numa forma verbal externa, realizando-a. Aqui, é fácil notar em que medida a criação infantil alimenta-se de impressões que partem da realidade, reelaborando essas impressões e levando as crianças a um entendimento e um sentimento mais profundo dessa realidade. No entanto, é fácil ver também o que se pode destacar a respeito de toda a criação infantil, mais precisamente a sua imperfeição, o que se percebe quando analisada do ponto de vista das exigências que apresentamos à literatura séria.

Diz Révész:[19]

> As obras infantis, tanto pelo conteúdo quanto tecnicamente, em grande parte, são primitivas, imitativas e de valor bastante variado, não apresentando um aumento gradual de intensidade.

O significado dessa criação é mais importante para a criança do que para a literatura. Seria incorreto e injusto perceber a criança como um escritor, aplicando às suas obras as mesmas exigências que fazemos em relação à obra de um escritor. A criação infantil está para a criação dos adultos assim como a brincadeira para a vida. A brincadeira é necessária para a criança

---

[19] Géza Révész (1878-1955) – fundador do primeiro Instituto de Psicologia da Hungria. Estudioso da psicologia social, da psicologia dos sentidos, da música, da linguagem, do talento e do pensamento. (N. da T.)

do mesmo modo que a criação literária infantil o é, antes de mais nada, para desencadear, adequadamente, o empenho do próprio autor. A criação é também necessária ao ambiente infantil em que nasce e ao qual se destina. Isso, é claro, não significa que a criação infantil apenas surja, espontaneamente, dos impulsos internos das próprias crianças e que todas as manifestações dessa criação sejam totalmente iguais e satisfaçam apenas ao gosto subjetivo delas próprias. Na brincadeira, o mais importante não é a satisfação que a criança obtém brincando, e sim a utilidade objetiva, o sentido objetivo da brincadeira para a própria criança, que se realiza inconscientemente. Esse sentido, como se sabe, consiste no desenvolvimento e no exercício de todas as forças e inclinações da criança. Da mesma forma, a criação literária infantil pode ser estimulada e direcionada externamente e deve ser avaliada do ponto de vista do significado objetivo que tem para o desenvolvimento e a educação da criança. Da mesma forma que ajudamos as crianças a organizar suas brincadeiras, que escolhemos e orientamos sua atividade de brincar, podemos também estimular e direcionar sua reação criadora. Há tempos, os psicólogos estabeleceram uma série de procedimentos que servem ao mesmo objetivo – provocar, experimentalmente, a reação criadora da criança. Para isso, apresentam às crianças determinadas tarefas ou temas, oferecem-lhes uma série de reproduções musicais e plásticas tomadas da realidade etc., para provocar nelas a criação literária. No entanto, esses procedimentos sofrem de uma artificialidade radical e servem somente ao objetivo para o qual foram criados – exatamente o de provocar nas crianças uma reação que sirva de bom material de estudo.

Tendo por interesse o estudo, essa reação deve ser provocada por qualquer estímulo simples, constante e conhecido do psicólogo para que ele tenha em mãos o fio da reação criadora. Mas a estimulação pedagógica da criação infantil tem tarefas totalmente diferentes. Aqui, o desafio é outro e outros são os procedimentos. O melhor estímulo para a criação infantil é uma organização da vida e do ambiente das crianças que permita gerar necessidades e possibilidades para tal. Como exemplo, podemos citar uma forma muito difundida que é a revista ou o jornal mural infantil. Diz Jurina:[20]

> Se apresentada de forma correta, a revista une mais do que qualquer outro trabalho. Nela encontram utilidade as mais variadas capacidades das crianças: crianças-pintoras ilustram, pintam; as que tendem para a literatura escrevem; as organizadoras fazem reuniões e distribuem os trabalhos; as que gostam de copiar, colar e cortar, e são muitas, ocupam-se disso com entusiasmo. Resumindo, na revista, as mais variadas capacidades infantis encontram aplicação. As crianças mais velhas e mais capazes entusiasmam as que se atrasam e não têm iniciativa. Tudo isso faz-se por si só, sem nenhuma influência externa.
>
> O papel da revista é importante para o desenvolvimento da escrita das crianças. Sabe-se que o trabalho que elas realizam com interesse e voluntariamente traz maiores resultados do que o mesmo trabalho quando realizado por obrigação.

Porém, o maior valor da revista é que ela aproxima a criação literária infantil da vida das crianças. Elas passam a entender para que escrever. A atividade de escrever torna-se para elas uma ocupação necessária e com sentido. Os jornais-mural escolares têm o mesmo significado, se não maior, e permitem também reunir, num esforço coletivo, o trabalho de crianças com as mais diferentes capacidades. Eventos de apresentação ou semelhantes formas de trabalho estimulam também a criação infantil.

Já falamos, anteriormente, que a forma primeira de criação infantil é a sincrética, ou seja, a criação em que os vários tipos

---

[20] G. I. Jurina – infelizmente, não encontramos informação a respeito desta autora. (N. da T.)

de arte ainda não estão diferenciados nem especializados. Assim dizíamos sobre o sincretismo literário das crianças, que ainda não distinguem a poesia e a prosa, a narrativa e o drama. Mas existe nelas um sincretismo ainda mais amplo, mais precisamente, a união de diferentes tipos de arte em uma ação artística integral. A criança compõe e apresenta aquilo sobre o que narra, assim como ocorreu com as crianças descritas por Tolstoi. A criança desenha e ao mesmo tempo narra a respeito do que desenha. Ela dramatiza e compõe um texto verbal no seu papel. Esse sincretismo aponta a raiz comum da qual se ramificam todos os outros tipos de arte infantil. A brincadeira da criança é essa raiz comum; serve de estágio preparatório para a criação artística da criança e, até mesmo quando dessa brincadeira sincrética comum destacam-se, separadamente, tipos mais ou menos independentes de criação infantil, tais como o desenho, a dramatização de sua composição, cada tipo não é rigidamente separado do outro e voluntariamente absorve elementos dos demais.

Numa das peculiaridades da criação infantil encontramos as marcas da brincadeira da qual ela se originou. A criança raramente trabalha em sua obra por longo tempo; na maioria das vezes, ela cria a obra de uma vez. Sua criação lembra, nesse caso, a brincadeira que surge de uma forte necessidade e permite, quase sempre, uma descarga rápida e completa dos sentimentos que dominam a criança.

A segunda relação que a criação literária infantil tem com a brincadeira diz respeito ao fato de que, na base desta, assim como na daquela, não se rompeu a ligação com o interesse e a vivência pessoal da criança. Bernfeld[21] estudou as novelas escritas por adolescentes com idade entre 14 e 17 anos. Em

---

[21] Siegfried Bernfeld (1892-1953) – psicólogo, pedagogo e psicanalista austríaco. (N. da T.)

todas elas, segundo ele, reflete-se a profunda marca da vida pessoal dos autores; alguns apresentam nada mais do que uma autobiografia disfarçada; outros alteram o aspecto íntimo da narrativa de forma significativa, mas não drasticamente a ponto de fazê-lo desaparecer por completo da obra. Em vista desse subjetivismo da criação infantil, muitos autores tentam afirmar que, já na infância, podem-se distinguir dois tipos principais de escrita – o subjetivo e o objetivo. Parece-nos que esses dois lados ou traços da criação infantil podem ser encontrados na idade de transição porque são o reflexo da ruptura que sofre a imaginação criadora da criança nessa época, passando do tipo subjetivo para o objetivo. Em algumas crianças, os traços do passado estão mais pronunciados; em outras, os traços do futuro tipo de sua imaginação.

Sem dúvida, esse fato tem relação direta com as especificidades individuais de uma ou outra criança. Tolstoi apontou esses dois tipos que correspondem à imaginação plástica e emocional, conforme as descreve Ribot. Seu Siomka destacava-se pelo tipo plástico de criação. Sua narrativa diferenciava-se pela descrição fortemente artística; os detalhes mais verossímeis derramavam-se um atrás do outro.

> Siomka, narrando, via e descrevia tudo o que estava diante de seus olhos: as *lapti*[22] congeladas e a sujeira que escorria delas quando descongelavam; como as *lapti* se transformaram em torradas quando a mulher as atirou na lareira.

Sua imaginação reproduzia e combinava as imagens visuais externas e construía delas um novo quadro. Fedka, ao contrário, criava, combinava principalmente os elementos emocionais, alinhando-os às imagens externas. Via "somente os detalhes que provocavam nele o sentimento com que olhava para um

---

[22] Espécie de alpargata de palha, usada pelos camponeses. (N. da T.)

rosto conhecido". Escolhia as impressões segundo o sinal afetivo comum e somente aquelas que respondiam à inquietação principal que o dominava, a inquietação de lamento, compaixão e ternura. Binet[23] denominava esses dois tipos de "observador" e "intérprete". Considerava que os dois são igualmente encontrados tanto entre os artistas e escritores adultos quanto entre adolescentes. Binet estudou a criação de duas meninas de onze e doze anos e meio, uma do tipo de criação objetiva e a outra, subjetiva.

O professor Soloviov, ao analisar a criação de duas adolescentes, demonstrou em que medida o pertencimento a um ou outro tipo determina os detalhes e a delicada estrutura da narrativa infantil. Isso reflete-se na escolha dos epítetos, ou seja, das descrições nos próprios quadros, no sentimento que os domina. Eis exemplos de epítetos típicos que são encontrados na criação das meninas – da artista objetiva: neve felpuda, branca, prateada, limpa. A violeta azul, as borboletas coloridas, as nuvens tempestuosas, não congeladas, as espigas douradas, a floresta perfumada, escura, o sol vermelho e claro, dourado e primaveril. Tudo corresponde às percepções visuais reais; tudo apresenta um quadro visual das coisas. Não é o que ocorre com a outra menina. Seus epítetos, com toda a expressão e visualidade, são, antes de tudo, emocionais: tristeza sem esperança, pensamentos negros e sombrios como a gralha.

Resta traçarmos as conclusões. Todos que observam a criação literária infantil perguntam-se: qual é o sentido dessa criação se ela não pode formar na criança um futuro escritor, criador, se ela é somente um fenômeno breve e esporádico no desenvolvimento do adolescente que, posteriormente, retrai-se e, às vezes, desaparece por completo? O sentido e o significado

---

[23] Alfred Binet (1857-1911) – pedagogo e psicólogo francês. (N. da T.)

dessa criação é que ela permite à criança fazer uma brusca transposição no desenvolvimento da imaginação criadora, que fornece uma nova direção para a sua fantasia e permanece por toda a sua vida. O seu sentido é que ela aprofunda, amplia e purifica a vida emocional da criança que, pela primeira vez, é despertada e afinada num tom sério. Por fim, seu significado é que ela permite à criança, ao exercitar seus ímpetos e capacidades criadoras, dominar a fala humana – esse instrumento delicado e complexo de formação e de transmissão do pensamento, do sentimento e do mundo interior humano.

A CRIAÇÃO TEATRAL NA IDADE ESCOLAR

A criação teatral da criança ou a dramatização é a que está mais próxima da criação literária infantil. A dramatização ou a encenação teatral, juntamente com a criação verbal, representa o tipo de criação infantil mais frequente e difundido. Isso é compreensível porque ela está mais próxima da criança, o que se explica por dois aspectos principais. Em primeiro lugar, o drama baseado na ação realizada pela criança é mais íntimo, mais ativo e relaciona de maneira direta a criação artística com a vivência pessoal.

Petrova[1] diz:

> A forma dramática de superar as impressões da vida jaz profundamente na natureza das crianças e encontra, de forma espontânea, sua expressão, independentemente da vontade dos adultos. As impressões externas sobre o ambiente circundante são hauridas e concretizam-se pela criança por meio da imitação. Em relação a atos morais não conscientes (heroísmo, coragem, abnegação), a criança, por força do instinto e da imaginação, cria as situações e os ambientes que a vida não lhe apresenta. As fantasias infantis não permanecem no campo dos devaneios,

---

[1]   Anna Evguenievna Petrova (1888-?) – psicóloga e pedagoga soviética. (N. da T.)

como nos adultos. A criança quer encarnar qualquer invenção ou impressão em imagens e ações vivas.

Assim, sob a forma dramática concretiza-se com maior clareza o círculo completo da imaginação sobre o qual falamos no primeiro capítulo. Aqui, a imagem criada com elementos da realidade encarna-se e realiza-se de novo na realidade, mesmo que de forma condicional; o impulso para a ação, para esse encarnar-se, para a realização, que está contido no próprio processo de imaginar, encontra aqui sua efetivação completa. A criança que vê pela primeira vez um trem dramatiza suas impressões: interpreta o papel de trem, bate, apita, tentando imitar o que vê. Essa dramatização da impressão do trem proporciona-lhe enorme satisfação. A autora que citamos fala de um menino de 9 anos que, ao saber da existência de uma escavadeira,

> durante alguns dias, não se continha, brincando de escavadeira. Empregando todas as forças, atribuía ao próprio corpo o posicionamento da roda; movimentava os braços freneticamente, com os punhos cerrados – eram as pás fixadas nas 'rodas' que servem para pegar a terra. Apesar dessa ginástica cansativa, o menino dedicou-se a ela ao longo de um passeio demorado pela cidade e repetiu-a constantemente em casa e ao brincar no pátio. Os riachos que corriam pelas ruas inspiravam-no ainda mais: parecia-lhe que estava limpando os 'canais' e os 'leitos dos rios'. Ele parava apenas para interpretar o papel do motorista que operava a escavadeira, para virar a máquina, levá-la para 'limpar um rio novo' e, depois, novamente, encurvado, era 'a máquina incansável que trabalha com suas pás'. Uma menina, que enterrou os pés na terra e estava parada imóvel com os braços colados ao corpo, disse: 'Sou uma árvore. Não está vendo? Estou crescendo. Olhe os galhos, as folhinhas'. As mãos dela começam a se levantar devagar, os dedinhos se abrem. 'Não está vendo como o vento me balança?' – E a 'árvore' começa a inclinar-se e tremular com as folhinhas-dedinhos.

O outro motivo que aproxima a criança da forma dramática é a relação desta com a brincadeira. Dada a raiz de toda criação infantil, o drama está diretamente relacionado à brincadeira, mais do que qualquer outro tipo de criação. Por isso, é mais sincrético, ou seja, contém em si elementos dos mais variados tipos de criação. Nisso, aliás, reside a maior preciosidade da encenação teatral da criança, que fornece prova e material para os mais diferentes tipos de criação infantil. As crianças criam, improvisam ou preparam a peça; improvisam os papéis e, às vezes, encenam um material literário pronto. Essa criação verbal é necessária e compreensível para elas próprias porque adquire sentido como parte de um todo; é a preparação ou a parte natural de toda uma brincadeira divertida. A preparação dos acessórios, das decorações, do figurino dá motivos para a criação plástica e técnica das crianças. Elas desenham, modelam, recortam, costuram e, de novo, todas essas ocupações adquirem sentido e objetivo como partes de uma ideia comum que as inquieta. Por último, a própria brincadeira, que é composta de apresentação de personagens, finaliza todo esse trabalho e fornece-lhe uma expressão completa e definitiva.

Diz Petrova:

> Os exemplos apresentados demonstram suficientemente o quanto a forma efetiva de superar o mundo é própria das crianças. A brincadeira é a escola da vida para a criança; educa-a espiritual e fisicamente. Seu significado é enorme para a formação do caráter e da visão de mundo do futuro homem. Podemos analisar a brincadeira como a forma dramática primeira que se diferencia por uma especificidade preciosa, qual seja, a de congregar, numa só pessoa, o artista, o espectador, o autor da peça, o decorador e o técnico. Na brincadeira, a criação da criança tem o caráter de síntese; suas esferas intelectuais, emocionais e volitivas estão excitadas pela força direta da vida, sem tensionar, ao mesmo tempo e excessivamente, o seu psiquismo.

Alguns pedagogos declaravam-se radicalmente contra a criação teatral infantil. Eles apontavam o perigo que essa forma tem para o desenvolvimento prematuro da vaidade e do comportamento artificial nas crianças etc. Na realidade, a criação teatral infantil, quando objetiva reproduzir diretamente as formas do teatro adulto, é uma atividade pouco conveniente para as crianças. Iniciar por um texto literário, decorar as falas, como fazem os atores profissionais, com palavras que nem sempre são entendidas e sentidas pela criança, engessa a criação infantil e transforma a criança num transmissor de palavras alheias encadeadas num texto. Eis porque estão bem mais próximas da compreensão infantil as peças compostas pelas próprias crianças ou produzidas e improvisadas por elas ao longo do processo de criação. Daí, são possíveis as mais diferentes formas e graus, desde a preparação prévia e o trabalho com o texto literário até o suave alinhavo de cada papel que a própria criança deve desenvolver de forma improvisada num novo texto oral, num processo de brincadeira. Tais peças serão inevitavelmente mais incoerentes e menos literárias do que aquelas prontas, escritas por adultos. Mas terão uma vantagem enorme por surgirem no processo de criação infantil. Não se deve esquecer que a lei principal da criação infantil consiste em ver seu valor não no resultado, não no produto da criação, mas no processo. O importante não é o que as crianças criam, o importante é que criam, compõem, exercitam-se na imaginação criativa e na encarnação desta imaginação. Na verdadeira encenação infantil, tudo – desde as cortinas até o desencadeamento final do drama – deve ser feito pelas mãos e pela imaginação das crianças, e somente assim a criação dramática adquire para elas todo o seu significado e toda a sua força.

Como já foi dito, em torno da encenação serão formados e organizados os mais diferentes tipos de criação infantil: técnico, decorativo-plástico, oral e dramático, no pleno sentido da palavra. O próprio valor dos processos de criação infantil revela-se com muita clareza no modo como os momentos auxiliares – por exemplo, o trabalho técnico de produção do cenário – adquirem para as crianças um significado tão importante quanto à própria peça e a brincadeira. Petrova narra uma encenação escolar e o interesse que as crianças manifestaram em relação ao trabalho técnico ligado à encenação.

Diz ela:

> Para fazer os buracos, deve-se conseguir um instrumento que nem sempre é encontrado no almoxarifado da escola – uma furadeira. Até mesmo os menores dominam com facilidade o processo de furar; foram as crianças de idade pré-escolar que me ensinaram esse procedimento técnico pouco complexo. A furadeira levada por mim fez parte de um período inteiro na vida do grupo: as crianças furaram com ela os cubos grossos e as tábuas; depois, juntaram-nos a pedaços de madeira em diferentes combinações. Dos buracos cresceram florestas, jardins e cercas. A furadeira, aos olhos das crianças, era um milagre da técnica [...].

Além da peça, deve-se também deixar que as crianças façam toda a parte de decoração material do espetáculo e, para que não haja quebra na sua estrutura psicológica – o que acontece quando há imposição de um texto que lhes é estranho – o objetivo e o caráter principal do espetáculo devem ser familiares e compreensíveis para elas. Se os tablados e ornamentos do teatro adulto forem transpostos diretamente para o palco infantil, a criança se sentirá tolhida e inibida; a criança é um péssimo ator para os outros, mas um maravilhoso ator para si mesma e todo o espetáculo deve ser organizado de tal forma que todas as crianças sintam que estão interpretando para si mesmas, que sejam envolvidas pelo interesse na interpretação em si, pelo processo de interpretar e não pelo resultado final. O maior prêmio deve ser a satisfação que a criança sente desde a preparação do espetáculo até o processo de interpretação e não o sucesso obtido ou o elogio advindo dos adultos. Assim como para escrever uma obra literária as crianças precisam entender para que escrevem e ter a consciência do objetivo dessa escrita, o seu espetáculo também deve adquirir sentido para elas por meio de determinado objetivo. Diz Révéz:

> O espetáculo dos pioneiros[2] não é uma apresentação pela apresentação, mas sempre tem uma estrutura objetiva como, por exemplo, o esclarecimento de algum momento revolucionário importante ou de um acontecimento político, do mesmo modo que a encenação é uma forma de conclusão de um trabalho realizado em certo período; qualquer encenação dos pioneiros, tendo uma estrutura objetiva desse gênero, não pode, no entanto, deixar de propor a si mesma objetivos da educação estética; qualquer encenação dos pioneiros, além de seu significado propagandístico, deve necessariamente conter determinados momentos de criação.

A narrativa encontra-se próxima da forma dramática da criação infantil, ou seja, a criação verbal das crianças e a dramatização no sentido estrito dessa palavra. O pedagogo e educador Tchitcherin[3] descreve uma encenação infantil:

> Algumas mesas amontoadas, os bancos sobre as mesas; num lugar, estão cravados um tubo de cartolina e uma bandeira; uma

---

[2] Pioneiros eram membros de uma organização de crianças e adolescentes, de 9 a 14 anos, ligada ao Partido Comunista da União Soviética. Todos os pioneiros usavam um lenço vermelho no pescoço, organizavam diversos eventos relacionados a campanhas de solidariedade e podiam participar de Círculos ou de Clubes, de acordo com seus interesses. (N. da T.)

[3] Aleksei Vladimirovitch Tchitcherin (1900-1989) – pedagogo e educador russo. (N. da T.)

tábua desce até o chão, empurra-empurra, acomodam-se no navio. Dois meninos fogem para a América; imperceptivelmente, entram no porão do navio (sob a mesa). No mesmo local, estão os maquinistas e o operário que abastece de carvão o motor do navio; em cima está o capitão, os marinheiros e os passageiros. [...] O navio apita; as rampas são retiradas; no porão, ouve-se um estalo. As pessoas balançam com ritmo a bordo do navio. Além disso, em algum lugar atrás, balança a tábua com a inscrição 'mar'. Eis o principal significado dos materiais secundários: não servem para proporcionar ilusão ao espectador, mas para que a própria brincadeira, que, corajosamente, domina qualquer enredo, possa ser construída em movimento, possa acontecer de forma animada.

Tal espetáculo-brincadeira está muito próximo da dramatização, tão próximo que frequentemente as fronteiras entre um e outro apagam-se. Sabemos que alguns pedagogos introduzem a dramatização como método de ensino pelo tanto que essa forma ativa de representação por meio do próprio corpo responde à natureza motriz da imaginação infantil.

O DESENHAR NA INFÂNCIA

Desenhar, como já destacamos, é um tipo predominante de criação na primeira infância. "À medida que a criança cresce e entra no período da infância tardia, é comum seu desapontamento e frieza em relação ao desenhar." Luquet[1] relatou uma investigação sobre os desenhos de crianças e situou esse arrefecimento entre os 10 e os 15 anos. Após esse arrefecimento, segundo ele, o interesse pelo desenhar surge novamente entre os 15 e os 20 anos. Porém, trata-se de um novo furor pela criação plástica, vivido apenas pelas crianças que possuem um dom artístico elevado. A maioria delas congela-se por toda a vida nesse estágio em que são assaltadas por tal ruptura; os desenhos de um adulto que nunca desenhou diferenciam-se muito pouco dos de uma criança de 8 ou 9 anos que está no final do ciclo de interesse pelo desenhar. Esses dados demonstram que, na idade que focalizamos, o desenhar vive um declínio e normalmente é abandonado pelas crianças. Barnés[2] estudou mais de 15 mil desenhos e verificou que essa ruptura ocorre aos 13 ou 14 anos.

---

[1] Georges-Henri Luquet (1876-1965) – filósofo e etnógrafo francês, pioneiro nos estudo do desenho infantil. (N. da T.)

[2] Barnés – infelizmente, não encontramos informação a respeito deste autor. (N. da T.)

Diz Barnés:

> Pode-se constatar que as meninas, aos 13 anos, e os meninos, aos 14, são menos corajosos na expressão. As crianças que se recusam terminantemente a desenhar estão acima dos 13 anos. Outras pesquisas nessa direção também demonstram que, aos 13 anos, no período de amadurecimento sexual, as crianças sofrem mudanças em seus ideais.

O arrefecimento das crianças em relação ao desenhar na verdade oculta a passagem para um estágio novo e superior no desenvolvimento, que é acessível apenas àquelas que recebem estímulos externos adequados, como, por exemplo, o ensino de desenho na escola e os modelos artísticos em casa, ou que têm um dom especial nesse campo de criação. Para entender a ruptura que sofre o desenhar infantil nesse período é preciso delinear em traços breves os principais marcos pelos quais ele passa. Kerschensteiner[3] realizou experiências sistemáticas sobre o desenhar infantil e dividiu todo o processo de desenvolvimento em quatro estágios.

Se deixarmos de lado o estágio das garatujas, dos traços e da representação de elementos disformes isolados e começarmos da época em que surge o desenho, no sentido próprio dessa palavra, veremos que a criança está no primeiro estágio ou no estágio de esquemas. Nesse momento, ela desenha representações esquemáticas do objeto, muito distantes da sua representação fidedigna e real. Na figura humana, é comum representar a cabeça, as pernas, frequentemente os braços e o torso. A representação da figura humana limita-se a isso. São os chamados cabeça-pernas, ou seja, seres esquemáticos desenhados pela criança no lugar da figura humana. Ricci,[4] que

---

[3] Georg Kershenshteiner (1854-1932) – pedagogo alemão. (N. da T.)

[4] Corrado Ricci (1858-1934) – arqueólogo e historiador da arte italiana. (N. da T.)

estudou desenhos infantis, perguntou, certa vez, a uma criança que havia desenhado uma dessas figuras cabeça-pernas:

– Como? Ele tem apenas cabeça e pernas?

– É claro – respondeu a criança –, isso é o suficiente para ver e ir passear.

Um marco essencial dessa idade é que a criança desenha de memória e não de observação. Um psicólogo que pediu a uma criança que desenhasse a mãe, sentada a seu lado, pôde observar que ela desenhou a mãe sem ter olhado nem uma vez sequer para ela. No entanto, não apenas as observações diretas, mas as análises do desenho, demonstram com muita facilidade que a criança desenha de memória. Ela desenha o que sabe sobre a coisa; o que lhe parece mais essencial na coisa, e não o que vê ou o que imagina sobre a coisa. Quando a criança vê um cavaleiro montado de perfil, desenha as duas pernas, apesar de apenas uma perna estar visível. Quando desenha uma figura humana de perfil, faz os dois olhos.

Diz Bühler:[5]

> Se a criança quer desenhar uma figura humana vestida, então ela age da mesma forma que quando veste uma boneca: de início, desenha-a nua e, depois, vai pondo a roupa; o corpo aparece através das roupas; vê-se o moedeiro no bolso e até mesmo as moedas.

Então, o resultado é o que se chama corretamente de desenho de raios X. Os desenhos 6 e 7, mostrados nos anexos, são desse tipo. Ao desenhar uma figura humana vestida, a criança traça sob as roupas as pernas que não vê. Outra prova clara de que ela desenha de memória são a incongruência e a inverossimilhança do desenho infantil. Partes grandes do corpo

---

[5] Karl Bühler (1879-1963) – filósofo, linguista, psicólogo e psiquiatra alemão. (N. da T.)

Imaginação e Criação na Infância

humano, como o torso, frequentemente estão ausentes no desenho infantil; as pernas crescem a partir da cabeça; o mesmo ocorre com os braços; as partes são unidas, muitas vezes, não na ordem em que a criança pôde observar numa figura humana. Nos desenhos do anexo, estão representações esquemáticas da figura humana, e por elas é fácil dizer em que consiste o esboço esquemático. Com toda razão, Sully[6] afirma sobre esse estágio:

> Reconhecer que a criança de 3 ou 4 anos imagina a face humana pior do que a representa parece sem sentido. Se duvidarmos disso, então é verdade que o desenho que a criança faz sem representar cabelos, orelhas, torso e braços vem no rastro de seus conhecimentos. Como é possível explicar isso? Explico dizendo que o pequeno pintor é bem mais um simbolista do que um naturalista; ele não se preocupa nem um pouco com a semelhança completa e exata e deseja apenas as indicações superficiais.

Obviamente, as limitações técnicas contribuem para essa pobreza de elaboração que acontece devido à ausência de um objetivo artístico sério. O rosto redondo com duas linhas que o sustentam corresponde ao que é fácil e cômodo para a criança fazer. Bühler, com toda a razão, diz que os esquemas da criança são bem racionais porque, assim como os conceitos, eles contêm somente os aspectos essenciais e constantes dos objetos. Ao desenhar, a criança transmite no desenho o que sabe sobre o objeto e não o que vê. Por isso, frequentemente desenha algo que é excessivo, algo que não vê; e, ao contrário, frequentemente oculta muito daquilo que vê, mas não é essencial para ela no objeto que está representado. Os psicólogos concordam com a seguinte conclusão: nesse estágio, o desenho da criança é enumeração, ou melhor, uma narração gráfica sobre o objeto representado.

---

[6] James Sully (1842-1923) – psicólogo inglês. (N. da T.)

Diz Bühler:

> Quando se pede a uma criança de 7 anos que descreva um cavalo, então, ocorre, basicamente, a mesma enumeração das partes do corpo, como ao desenhar: o cavalo tem uma cabeça e um rabo, duas pernas na frente e duas atrás etc. Eis por que o desenhar de memória é entendido simplesmente como uma narrativa gráfica.

Na realidade, é possível explicar esses fatos da seguinte maneira: enquanto desenha, a criança pensa no objeto que está representando, como se estivesse falando dele. Em sua narração oral, ela não é fortemente constrangida pela continuidade temporal ou espacial do objeto e, por isso, pode, com determinados limites, captar quaisquer particularidades ou ignorá-las: por exemplo, o anão tem cabeça grande e duas pernas curtas brancas como a neve; tem dedos e um nariz vermelho. Se a mão do pequeno pintor for dirigida de modo ingênuo ou, melhor dizendo, sem crítica, por essa simples descrição composta de contradições, então, as perninhas curtinhas podem com facilidade crescer diretamente da grande cabeça e mais ou menos no mesmo lugar podem ser colocados os braços, porém o nariz pode ser desenhado de forma correta no meio do círculo da cabeça. Mas isso é exatamente o que é possível ver de fato nos primeiros desenhos infantis.

O estágio seguinte é denominado de estágio do surgimento do sentimento da forma e da linha. Na criança, desperta aos poucos a necessidade não apenas de enumerar aspectos concretos do objeto, mas também de transmitir as inter-relações formais das partes. Nesse segundo estágio de desenvolvimento do desenho infantil, percebemos, por um lado, a mistura da representação formal com a esquemática – são ainda desenhos-esquemas – e, por outro, encontramos rudimentos da representação parecida com a realidade. Esse estágio não pode ser, é claro, nitidamente delimitado pelo precedente. No entanto, ele se caracteriza por um número bem maior de detalhes, por uma disposição mais verossímil de partes isoladas do objeto: ocultações impressionantes como a do torso não são mais percebidas; todo o desenho aproxima-se da aparência real do objeto.

O terceiro estágio, segundo Kerschensteiner, é o da representação verossímil, quando o esquema desaparece por completo do desenho infantil. O desenho tem uma aparência de silhueta ou de contorno. A criança ainda não transmite a perspectiva, a plasticidade do objeto; o objeto ainda é delineado sobre o plano, mas, em geral, ela apresenta-o de forma verossímil e real, próximo de sua verdadeira aparência. Diz Kerschensteiner:

> Muito poucas crianças vão além do terceiro estágio com forças próprias, sem a ajuda do ensino. Até os 10 anos, verificamos isso como uma rara exceção; a partir dos 11, começa a aparecer uma determinada porcentagem de crianças que possuem alguma capacidade de representação espacial do objeto.

No quarto estágio, o da representação plástica, partes isoladas do objeto são representadas em relevo, com a ajuda da distribuição da luz e da sombra; surge a perspectiva; transmite-se o movimento e, mais ou menos, a impressão plástica completa que se tem do objeto.

Para que fiquem nítidas as diferenças entre os quatro estágios e a evolução gradual por que passa o desenho infantil, vamos apresentar alguns exemplos. Tomemos quatro representações consecutivas de um vagão de bonde. No primeiro desenho, há um esquema puro: alguns pequenos círculos tortos que representam as janelas e duas linhas compridas que representam o vagão. Isso foi tudo que a criança desenhou, desejando transmitir a imagem de um vagão de bonde. Em seguida, vem um esquema igualmente puro, mas só que as janelas estão localizadas nas laterais do vagão; é transmitida, mais corretamente, a inter-

-relação formal das partes. No terceiro desenho, é transmitida a imagem esquemática dos vagões com a enumeração detalhada das partes e dos pormenores. Nesse desenho, há representação de pessoas, bancos, rodas, mas diante de nós ainda está uma imagem esquemática. E, por fim, no quarto desenho, feito por um menino de 13 anos, há uma imagem plástica do vagão de bonde, que leva em conta a perspectiva e transmite a aparência real do objeto.

Os quatro estágios no desenvolvimento do desenho infantil podem ser percebidos com mais nitidez ainda nos exemplos de representação das figuras humana e animal, que são os dois objetos que as crianças mais gostam de desenhar. Nos primeiros desenhos, diante de nós está uma pura representação esquemática da figura humana que frequentemente se limita a três ou quatro partes do corpo. Aos poucos, esse esquema se enriquece de detalhes, surge o desenho de raios X, que ganha uma série de pormenores.

No segundo estágio, encontramos de novo a imagem de raios X esquemática, como se vê, por exemplo, no desenho de um menino de 10 anos que representou o pai com o uniforme de condutor. O torso e as pernas podem ser vistos através da roupa e, no quepe, há um número; no paletó, duas fileiras de botões. No entanto, ainda que com toda a riqueza de transmissão de detalhes, a imagem permanece no primeiro estágio de esquema puro. No segundo estágio, o da representação esquemático-formal mista, vemos a tentativa de transmitir a imagem mais verossímil do objeto. Diante de nós está o esquema misturado com a aparência ou a forma real. Por exemplo, o desenho de uma criança de 10 anos. Ele representa o pai e a mãe. Nessas figuras, é fácil perceber as marcas da representação esquemática, porém predomina a transmissão formalmente correta do objeto. Por fim, os desenhos que pertencem ao terceiro estágio mostram contornos planos da imagem que representa de modo verossímil a aparência real do objeto. Com alguns erros e desproporções, a criança torna-se realista, desenha aquilo que vê, transmite a pose, o movimento, leva em conta o ponto de observação; o esquema não está mais no desenho.

Por último, no quarto estágio, está a representação plástica que considera a forma plástica do objeto a ser representado. É assim, por exemplo, o desenho que mostra o retrato de um menino dormindo; foi feito por um menino de 13 anos.

Podemos perceber os mesmos quatro estágios na representação de animais. Isso demonstra com toda a segurança que a diferença na representação não é condicionada ao conteúdo e ao caráter do tema do desenho, mas está relacionada à evolução por que passa a criança.

No primeiro desenho (19), está representado um cavalo que tem, no lugar da cabeça, o rosto humano. Nesse primeiro estágio, as crianças desenham todos os animais completamente iguais; os esquemas de gato, de cachorro, com frequência, os de galinha não se diferenciam uns dos outros; com esforço e de forma esquemática, a criança representa o torso, a cabeça e as pernas. No nosso desenho, a face tem claramente uma aparência humana, apesar de ser de um cavalo. No segundo estágio, a criança transmite o esquema do cavalo, misturando a ele alguns traços que correspondem à sua aparência ou forma real; por exemplo, a forma típica da cabeça e do pescoço. Seu desenho do cavalo já começa a diferenciar-se com nitidez do desenho de um gato e de outros animais, sobretudo dos esquemas de pássaros.

No terceiro estágio, a criança apresenta um desenho em contorno plano, mas uma imagem do cavalo verossímil e, apenas no quarto estágio, como se vê pelo desenho 20, a criança transmite a perspectiva plástica da imagem do cavalo. Somente nesse momento ela passa a desenhar o objeto assim como o vê. À primeira vista, chegamos a uma conclusão paradoxal quando perpassamos os quatro estágios que delineamos e pelos quais caminha a criança no processo de desenvolvimento do seu desenhar. Poderíamos esperar de antemão que o desenho de observação fosse mais fácil que o de memória. No entanto, observações experimentais demonstram que o desenho de observação, a representação real do objeto, é apenas o estágio superior e último no desenvolvimento do desenho infantil; é um estágio que somente poucas crianças atingem.

Como se explica isso?

Nos últimos anos, o professor Bakuchinski,[7] pesquisador do desenho infantil, tentou dar uma explicação para esse fenômeno. O primeiro período de desenvolvimento da criança, de acordo com sua explicação, põe em destaque a forma motor--tátil na percepção infantil e a mesma forma para orientação no mundo circundante. Essas formas têm primazia em relação às impressões visuais, que se subordinam aos meios motor-táteis de orientação da criança.

Diz esse autor:

> Toda ação da criança e os produtos de sua criação podem ser compreendidos e explicados em geral e em detalhe por essa inter-relação entre os meios motor-táteis e visuais de percepção do mundo pela criança. Ela está por inteiro no movimento espontâneo real. Ela cria a ação real. Interessa-lhe, antes de tudo, o processo de ação, não o resultado; prefere fazer coisas e não representá-las, aspira empregá-las, até o limite, de forma utilitária, sobretudo no decorrer da brincadeira, mas é indiferente ou quase indiferente em relação à contemplação, principalmente quando é longa. Nesse período, as ações da

---

[7] Anatolii Vassilievitch Bakuchinski (1883-1939) – crítico de arte soviético, pesquisador da psicologia da arte e da educação estética. (N. da T.)

criança diferenciam-se por um forte matiz emocional. A ação física predomina sobre os processos analíticos da consciência. Os produtos da criação diferenciam-se por um esquematismo radical e representam em geral os símbolos comuns das coisas. Suas alterações e ações não são reproduzidas. Na brincadeira, isso é narrado ou demonstrado.

A orientação fundamental da evolução da criança relaciona-se ao papel crescente que a visão tem no processo de conhecer e dominar o mundo. De uma situação subordinada, a visão assume um papel predominante e o próprio aparelho motor-tátil do comportamento da criança subordina-se ao da visão. No período de transição, percebe-se a luta de duas orientações contrárias do comportamento infantil. Ela finda com a vitória completa da orientação visual pura na percepção do mundo.

Diz Bakuchinski:

> O novo período está ligado ao enfraquecimento da atividade física externa com o fortalecimento da atividade mental. Inicia-se o período analítico-racional do desenvolvimento infantil, que permanece ao longo da infância tardia e da adolescência. Na percepção do mundo e na reflexão criadora dessa percepção, os marcos visuais passam a ter papel predominante. O adolescente torna-se mais espectador, contempla o mundo de lado, experimenta-o como um fenômeno complexo e, nessa complexidade, assimila muito mais as relações entre os objetos, suas alterações, do que a multiplicidade e a presença das coisas, como ocorria no período anterior.

A criança ocupa-se do processo que ocorre no mundo externo e não do processo da sua ação.

Na criação plástica, nesse período, o adolescente tende à forma ilusória e naturalista; ele quer fazer como se fosse na vida real; a orientação visual permite-lhe dominar os métodos de representação na perspectiva do espaço.

Assim, vemos que a transição para a nova forma de desenhar está ligada, nesse período, às profundas mudanças que ocorrem no comportamento do adolescente. É interessante atentar para os dados de Kerschensteiner relativos à frequência dos quatro estágios. Já vimos que ele constata o quarto estágio apenas a partir dos 11 anos, ou seja, exatamente a partir da idade em que, segundo a maioria dos autores, tem início o declínio da arte de desenhar das crianças. É provável que tenhamos, nesse caso, por um lado, como já foi mencionado, crianças excepcionalmente dotadas e, por outro, crianças que recebem estímulos benéficos para o desenvolvimento do desenhar por meio do ensino escolar ou em situações domésticas especiais.

Essa criação infantil não é mais a mesma criação espontânea e em grande escala, a que surge de modo autônomo; é a criação ligada à habilidade, aos hábitos conhecidos de criação, ao domínio do material etc. Pode-se ter uma impressão a respeito da distribuição dos quatro estágios por idade pelos dados apresentados pelo autor: vemos que as crianças de 6 anos estão todas no primeiro estágio do esquema puro. A partir dos 11 anos, esse estágio é encontrado com menos frequência; o desenho sofistica-se e, a partir dos 13 anos, surge o desenho real, no sentido completo e preciso dessa palavra.

São curiosos os dados de outro pesquisador do desenho infantil, Levinstein,[8] que demonstram do que a criança dota a figura humana representada esquematicamente, em diferentes idades.

Assim, podemos ver que o torso é encontrado ao todo cinquenta vezes nos desenhos da criança de 4 anos e cem vezes nos do adolescente de 13 anos; as pálpebras e as sobrancelhas são

---

[8] Levinstein – infelizmente, não encontramos informação a respeito deste autor. (N. da T.)

IMAGINAÇÃO E CRIAÇÃO NA INFÂNCIA

vistas em 92% dos desenhos aos 13 anos e são nove vezes menos frequentes nos desenhos da criança de 4 anos. Ao analisarmos esses dados, a conclusão geral pode ser formulada do seguinte modo: as pernas, a cabeça e os braços são encontrados logo nos primeiros estágios de desenvolvimento do desenho infantil; as outras partes do corpo humano, os detalhes e a roupa aparecem mais à medida que a criança cresce.

Do que foi dito surge a questão: como temos de nos relacionar com a criação artística na idade de transição? Ela é uma rara exceção, deve-se estimulá-la, dar-lhe importância, cultivá-la nos adolescentes ou deve-se pensar que esse tipo de criação morre de morte natural no limiar da idade de transição?

Eis como a menina adolescente avalia os resultados de suas aulas no círculo de educação artística sob a orientação de Sakulina:[9]

> Agora, as cores me dizem. A combinação delas provoca em mim determinado ânimo. As cores e o desenho explicam para mim o conteúdo do quadro e sua ideia e, depois, a maior parte da minha atenção começa a ser atraída pelo agrupamento de objetos que também cria um estado de espírito no quadro, assim como a luz e a sombra, que introduzem muita vida nele. Essa luz me interessa muito e, quando desenhamos de observação, sempre quero transmitir o máximo dela, porque tudo com ela fica mais vívido; mas é muito difícil.

No desenvolvimento da criação artística infantil, inclusive a plástica, é preciso seguir o princípio da liberdade, que é a condição imprescindível de qualquer criação. Isso significa que as aulas de criação para crianças não podem ser nem obrigatórias nem compulsórias e podem surgir apenas dos seus interesses. Por

---

[9] Nina Pavlovna Sakulina (1898-1975) – pedagoga, especialista no campo da educação artística de pré-escolares; seus trabalhos podem ser encontrados no livro *Iskusstvo v trudovoi chkole [A arte na escola do trabalho]* (Moscou, 1926). (N. da T.)

isso, na idade de transição, o desenhar também não pode ser um fenômeno comum e geral. Mas tanto para as crianças talentosas quanto para as que não têm interesse em se tornar pintores profissionais, o desenhar possui um enorme sentido cultivador; quando, segundo o depoimento apresentado acima, as cores e o desenho começam a dizer algo para a adolescente, esta começa a dominar uma nova língua, que amplia sua visão de mundo, aprofunda seus sentimentos e transmite-lhe na língua de imagens o que de nenhuma outra forma pode ser levado até a consciência.

Dois problemas extremamente importantes sobre os quais nos deteremos nas conclusões estão relacionados ao desenhar na idade de transição. O primeiro é que para o adolescente já não basta uma atividade de imaginação criadora; ele não se satisfaz com um desenho qualquer para a contemplação de sua imaginação criadora e precisa adquirir habilidades e conhecimentos especiais e profissionais.

Ele deve aprender a dominar o material com o método especial de expressão que lhe dá a arte plástica. Somente cultivando esse domínio do material, podemos pô-lo no caminho certo do desenvolvimento do desenhar nessa idade. Vemos, assim, o problema em toda a sua complexidade. Ele é composto de duas partes: por um lado, devemos cultivar a imaginação criadora; por outro, o processo de encarnação das imagens surgidas da criação requer determinada cultura. Apenas onde há desenvolvimento suficiente dos dois lados a criação infantil pode se desenvolver corretamente e dar à criança o que temos o direito de esperar dela. O outro lado, relacionado com o desenhar nessa idade, consiste na íntima relação que essa atividade tem com o trabalho produtivo ou a produção artística. Pospelova[10] conta

---

[10] Pospelova (?) – infelizmente, não encontramos informações a respeito dessa autora citada por L. S. Vigotski. (N. da T.)

sobre a experiência de criação infantil no campo da feitura de uma gravura, o que exigiu das crianças uma série de processos técnicos para a sua preparação e impressão. Diz a autora:

> O processo de impressão não seduziu as crianças nem mais nem menos do que a própria entalhadura. Depois das primeiras provas, aumentou significativamente o número de participantes do círculo.

A gravura tornou-se para as crianças objeto de criação não apenas artístico, mas também técnico. Graças às especificidades de sua técnica, com frequência a gravura não era utilizada nem com objetivos artísticos; as crianças faziam letreiros, anúncios, carimbos, usavam a técnica da gravura no jornal mural escolar, preparavam ilustrações para a aula de ciências e de história, demarcando a futura relação do trabalho com a ocupação de tipógrafo. Então, a autora, com toda a razão, conclui dizendo:

> Diante do grau de interesse dos adolescentes pela técnica do trabalho, ficou evidente que um dos métodos pedagógicos mais eficientes era atrair a atenção para alguma produção por meio de uma criação artística pessoal.

Essa síntese do trabalho artístico e produtivo responde como nunca à criação infantil nesse período. As duas gravuras apresentadas pela autora, representando um moinho e um camponês, mostram o quanto podem ser complexos os processos técnicos e de criação quando se entrelaçam.

Qualquer arte, ao cultivar métodos especiais de encarnação das imagens, dispõe de uma técnica peculiar e essa união da disciplina técnica com os exercícios de criação é, provavelmente, o que de mais precioso o pedagogo tem nessa idade. Labunskaia[11]

---

[11] Galina Viktorovna Labunskaia (1893-1970) – pedagoga e artista plástica soviética. (N. da T.)

e Pestel[12] descreveram a experiência de um trabalho com crianças no campo da produção artística.

Perguntam as autoras:

> Que significado pode ter a produção artística para as crianças na idade de transição e na idade mais difícil, em termos dos aspectos artístico-pedagógicos, que se situa nos 13, 14 e 15 anos, quando até mesmo as mais talentosas contagiam-se entre si com a seguinte afirmação: 'Não sabemos de verdade e da forma como sabemos não vale a pena?' Apenas pela conservação do anseio delas pela estrutura objetiva da criação e pelo domínio do material é que se pode oferecer-lhes educação e formação artística, atraindo-as para a produção de arte. Os lápis, a argila e as tintas que são utilizados para tarefas puramente plásticas parecem enfadar os adolescentes. O material novo e as tarefas novas, dessa vez utilitários, darão um novo impulso à criação deles. Se, quando eram menores, a superação das dificuldades técnicas arrefecia e freava seus ímpetos criadores, agora é o contrário: determinadas limitações, dificuldades técnicas, necessidade de utilizar sua capacidade de representar em determinados limites elevam sua atividade laboral criativa, decorrendo daí o valor da vocação profissional na produção.

A importância do momento técnico com que deve ser instrumentada a criação para que se torne possível nesse período fica evidente quando se leva em consideração que ele propicia o germe do trabalho criativo de maneira mais acessível à criança. Os autores, com razão, dizem que a criação ensina a criança a identificar sua capacidade criadora na construção da vida social--proletária (decoração do clube, preparação de estandartes, de cartazes, de apetrechos teatrais e de murais). As autoras utilizaram em sua experiência o bordado, o entalhamento em madeira, a estampagem em tecido, o brinquedo, a costura e a marcenaria

---

[12] Vera Efremovna Pestel (1887-1957) – pedagoga e artista plástica soviética. (N. da T.)

e todas essas experiências levaram ao mesmo resultado fecundo: com o desenvolvimento das possibilidades criadoras das crianças ocorria o seu desenvolvimento técnico; o próprio trabalho tornava-se mais consciente e agradável, e a criação, ao deixar de ser passatempo e brincadeira que não interessava ao adolescente mais sério, começava a satisfazer a relação responsável e crítica que a criança tinha com suas ocupações, pois estruturava-se sobre a base da técnica que ela dominava gradativamente por meio do trabalho. Com base nesse fato e nas experiências de encenações teatrais infantis, é fácil encontrar a saída para o campo da pura criação técnica das crianças.

Seria de todo incorreto imaginar que as possibilidades criadoras das crianças limitam-se de forma exclusiva à criação artística. Infelizmente, a educação tradicional, que mantinha as crianças longe do trabalho, permitia-lhes revelar e desenvolver suas capacidades criadoras quase com exclusividade na área da arte. É exatamente isso que explica o fato de a criação artística infantil ser a mais estudada e bem conhecida. No entanto, no campo da técnica, encontramos um desenvolvimento intensivo da criação infantil, sobretudo na idade que nos interessa. A preparação de modelos de aeroplanos, de carros, a criação de novas construções, de projetos e trabalhos nos círculos dos jovens naturalistas[13] – todas essas formas de criação técnica infantil – adquirem um enorme significado por direcionarem o interesse e a atenção das crianças para uma nova área em que se pode manifestar a imaginação criadora do ser humano.

Como vimos, a ciência, assim como a arte, permite a aplicação da imaginação criadora; a técnica constitui o produto da mesma atividade cristalizada pela imaginação, como diz

---

[13] A nosso ver, o autor pode estar referindo-se ao que hoje se costuma chamar de "jovens cientistas". (N. da T.)

Ribot. Assim como no campo da criação artística, as crianças que tentam dominar os processos de criação científica e técnica também apoiam-se na imaginação criadora. O desenvolvimento do rádio e a difusão ampla da formação técnica, na atualidade, propiciaram, nos últimos anos, o desenvolvimento de uma rede enorme de círculos para os interessados em eletrotécnica. Paralelamente a eles, existe uma série de círculos produtivos da juventude trabalhadora nas fábricas: círculos de aviação, de químicos, de construtores, entre outros.[14]

Em relação ao desenvolvimento da criação infantil, a mesma tarefa é cumprida pelos círculos de jovens naturalistas que tentam combinar seu trabalho criador com as tarefas de melhorar a economia popular; os círculos de jovens naturalistas e de jovens técnicos, de que estão repletos os clubes de pioneiros, devem se transformar na escola de criação técnica do futuro para os nossos adolescentes.

Não vamos nos deter detalhadamente nisso nem nos outros tipos de criação, tais como a musical, a escultural etc., pois não faz parte da nossa tarefa apresentar uma enumeração completa e sistemática de todos os tipos possíveis de criação infantil. Nosso objetivo não é também a descrição da metodologia do trabalho com as crianças em todos os tipos de criação infantil que mencionamos antes. Para nós, era importante indicar apenas o mecanismo de criação infantil, as suas especificida-

---

[14] Círculos infantis ou clube dos pioneiros eram comuns na União Soviética. Consistiam no oferecimento de atividades fora do horário escolar e em pequenas turmas para crianças e adolescentes. A frequência era por interesse das crianças e as atividades se desenvolviam em conjunto com instrutores ou professores. Podiam ser círculos de desenho, marcenaria, corte e costura, culinária, música, línguas estrangeiras, dança, radiotécnica, entre outros. Não havia certificação nem avaliação. Os conhecimentos eram postos em prática ao longo das próprias atividades. Por exemplo, costurava-se um vestido ou uma camisa, consertava-se um rádio, fazia-se uma caixa de madeira, inventava-se uma dança etc. (N. da T.)

IMAGINAÇÃO E CRIAÇÃO NA INFÂNCIA

des substanciais, na idade escolar, como também, utilizando os exemplos das formas mais estudadas da criação do escolar, demonstrar o funcionamento desse mecanismo e a presença dessas especificidades.

Como conclusão, deve-se indicar a importância de cultivar a criação na idade escolar. Todo o futuro é alcançado pelo homem com a ajuda da imaginação criadora. A orientação para o futuro, o comportamento que se apoia no futuro e dele procede é a função maior da imaginação, tanto quanto a estrutura educativa fundamental do trabalho pedagógico consiste em direcionar o comportamento do escolar, seguindo a linha de sua preparação para o futuro, e o desenvolvimento e o exercício de sua imaginação são uma das principais forças no processo de realização desse objetivo.

A criação de uma personalidade criadora, projetada para o futuro, é preparada pela imaginação criadora que está encarnada no presente.

ANEXOS

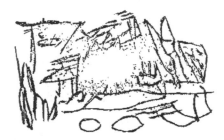

Desenho 1. Automóvel (garatujas).

Desenhos 2 e 3. "Cabeças-pernas".

Desenho 4. Desenho de memória de uma menina de sete anos. Uma representação típica de um ser humano sem o torso. Esquema puro. A menina não desenha em casa e não tem livros com ilustrações.

Desenho 5. Desenho de memória. Esquema puro. O torso em forma oval. Desenhou-o um menino de quatro anos que frequenta o jardim de infância.

Desenho 6. Desenho de memória de uma menina de sete anos que não tem livros com ilustrações. O torso em forma retangular. Esquema puro.

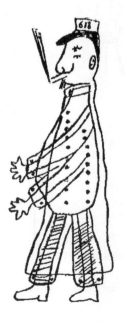

Desenho 7. Esquema puro. O torso em linhas circulares. A figura está vestida de uniforme, de calças e boné. Todos os botões estão desenhados (equivocadamente, estão desenhados nas calças). Desenho de um menino de dez anos que desenha em casa. A imagem é do pai, condutor de bonde.

 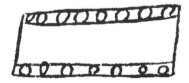

Desenhos 8-9. Representação de memória de um vagão de bonde. Um desenho totalmente primitivo. Feito por uma menina com idade entre sete e dez anos que não desenha em casa e não tem livros com ilustrações.

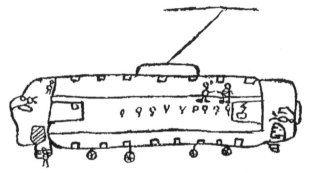

Desenho 10. Representação de memória de um vagão de bonde. Esquema puro. Desenhado por uma menina de 12 anos. O interessante é que o vagão está representado em corte.

Desenho 11. Representação de memória de um vagão de bonde. A perspectiva foi levada em conta. Desenho de um menino de 13 anos que desenha em casa. Merece atenção o ponto de vista lateral.

Desenho 12. O soldado.

Desenho 13. Um pioneiro fazendo a saudação.

Desenho 14. A mãe com a criança.

Desenho 15. Estágio III. Desenhos não esquemáticos. Realizados por um menino de dez anos que desenha em casa e tem livros com ilustrações. Com a presença de vários erros (braços compridos etc.), o desenho se aproxima do estágio IV (saliências das mangas e das barras do casaco).

Desenho 16. Estágio III. Desenho não esquemático de um menino de seis anos. Rudimentos do estágio IV (representação em dimensões das dobras da saia e das mangas).

Desenho 17. Estágio IV. Rudimentos da representação que corresponde à forma real do objeto. O desenho foi feito por um menino de 12 anos, filho de um jornaleiro.

IMAGINAÇÃO E CRIAÇÃO NA INFÂNCIA

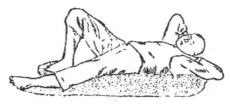

Desenho 18. Representação plástica de um homem a partir de observação (estágio IV). O desenho representa um menino dormindo, observado ao vivo; foi feito por um menino de 13 anos, filho de seleiro e jornaleira. A representação das pernas é de alto nível, principalmente da musculatura da perna direita.

Desenho 19. Estágio I. Esquema puro. Desenho de uma menina de seis anos que desenha em casa e tem livros com ilustrações. É impressionante a representação do cavalo como um centauro. A cabeça é de humano e não de cavalo.

Desenho 20. Ausência de esquema (estágio IV). Tentativa de uma representação plástica. Desenho de um menino de oito anos, filho de pintor-artista plástico. Desenha muito em casa e é estimulado pelo pai.